국내 최고 영업 전문가가 알려주는 B2B 세일즈 A to Z

43조 세일즈 김용기의 실전노트

43조 세일즈 김용기의 실전노트

초판 1쇄 발행일 2025년 1월 31일

지은이 김용기
펴낸이 박희연
대표 박창흠

펴낸곳 트로이목마
출판신고 2015년 6월 29일 제315-2015-000044호
주소 서울시 강서구 화곡로 68길 82, 강서 IT 밸리 1106-2호
전화번호 070-8724-0701
팩스번호 02-6005-9488
이메일 trojanhorsebook@gmail.com
페이스북 https://www.facebook.com/trojanhorsebook
네이버포스트 http://post.naver.com/spacy24
인스타그램 https://www.instagram.com/trojanhorse_book/
인쇄 · 제작 ㈜미래상상

ISBN 979-11-92959-47-4 (13320)

국내 최고 영업 전문가가 알려주는
B2B 세일즈 A to Z

43조 세일즈 김용기의 실전노트

| 김용기 지음 |

트로이목마

| Prologue |

이 책은 필자의 풍부한 세일즈 경험과 43조 원의 대형 세일즈를 성공시킨 노하우가 담긴 B2B 세일즈의 실무 지침서이다.

B2B 세일즈는 ……

① AI 시대에도 B2B 세일즈는 중요하다.

바야흐로 인공지능의 시대다. 이제는 세일즈도 인공지능이 한다. 이미 자동차 시장, 보험 시장 등의 세일즈 조직은 축소되거나 온라인으로 대체되고 있다.

그러나 기업이나 공공조직을 대상으로 대규모의 복잡한 솔루션을 팔아야 하는 세일즈, 즉 B2B 세일즈는 인공지능이 대체할 수 없는, 사람의 전문성이 여전히 중요하다. 오히려 하루가 다르게 심해져 가는 인류의 디지털 의존성 때문에 그 중요성은 더 커지고 있다.

② 경계가 무너진 시대, 세일즈의 복잡성이 더 심화된다.

시장과 상품의 경계가 무너진 초연결 비즈니스 환경에 기업들은 놓여 있다. 고객과 고객의 가치에 대한 정의도 빠르게 변화한다. 이처럼 복잡한 상황에서, 적합한 고객에게 맞춤화된 솔루션을 제공하는 영업대표의 전문성은 더 높게 요구된다.

③ 글로벌 경쟁 시대, 세일즈의 전문성이 더 간절하다.

사실 대한민국에서 B2B세일즈는 이제부터 시작이다. 과거 대기업의 B2B 세일즈는 주로 계열사를 대상으로 하였다. 또 정부 관료와의 파트너십이나 비공식적인 관계 중심의 세일즈가 상당 부분을 차지했다. 이는 세일즈 전문가의 성장을 막았다.

그러나 글로벌 시장에서 경쟁하고 있는 한국의 기업들은 더 이상 관계 중심의 세일즈로 성공할 수 없다. 제대로 된 세일즈 조직, 제대로 된 세일즈 전문가가 절실하다.

영업대표는 ……

① 고도의 전문성이 있는 직업이다.

"마케팅은 하고 싶지만, 세일즈는 하기 싫다."

직장생활을 시작하지도 않은 구직자들의 의견이다. 우리 사회의 세일즈에 대한 인식을 단적으로 보여주는 말이다. 기업 생존의 근원인 세일즈가 왜 이렇게 천시될까?

세일즈를 '전문성 없는 영업사원이, 고객에게 판매를 부탁하는 일'로 치부하기 때문이다. 잘못된 인식이다. 세일즈는 '고도의 전문성을 가진 영업대표가, 고객의 구매를 도와주는 일'이다.

영업대표가 하는 일의 핵심은 고객의 문제를 해결하고 고객의 비즈니스가 성공하도록 도와주는 것이다. 이를 위해서는 복잡한 솔루션과 고객의 사업에 대한 이해, 사업개발, 제안, 협상 등 전문적이면서도 총체적인 능력이 필요하다. 영업대표는 이런 능력과 역량으로 소속되어 있는 기업의 매출과 전략적 방향, 그리고 생존을 리딩한다. 조직의 그 누구도 영업대표가 구현해내는 고유한 가치를 대신할 수 없다.

② 비전이 있는 직업이다.

첫째, B2B 세일즈는 그 본질적인 기능만으로도 충분히 비전이 있다. 대형 B2B 시장은 수주 / 영업 전문가에 의해서 작게는 수십억, 크게는 수조 원의 매출이 결정된다. 능력에 따라 이들의 대우는 그 어느 분야의 전문직보다 좋을 수 있다. 유럽과 미국 등에서는 이미 그렇다.

둘째, 현장의 필요에 비해 세일즈 전문가가 너무나 부족하다. 앞에서 '경계가 무너진 시대', '글로벌 경쟁 시대'에 영업 전문성이 더 절실해짐을 이야기했다. 여기에 더해, 현재 B2B 시장은 빠르게 성장하고 있다. 한국의 대표 전자기업은 놀랍게도 B2B 매출이 B2C를 추월해가고 있으며, B2C 소비자들에게 익숙한 금융 / 식음료 / 엔터테인먼트 기업 등의 주요 사업모델과 매출의 비중은 B2B 영역이다.

셋째, AI로 대체하지 못하는 직업이다. 많은 직업들이 비즈니스 고도화와 인건비 감축을 이유로 AI로 대체된다. 그러나 B2B 영업은 인공지능 시대에 여전히 사라지지 않을, 소수의 일 중 하나다.

이 책은 ……

이 책은 기존의 저서 《최강 영업대표》의 중요한 내용을 유지하면서, 빠지거나 더 강조해야 할 부분을 추가했으니, 전작의 업그레이드 버전이다.

특히 'Chapter 4. 전문가영업 조직과 리더십'은 새롭게 추가한 내용이다. 영업 조직을 이끌면서 필자가 겪었던 어려움을 해결하는 과정에서 고민하고 배웠던 내용을 담으려고 했다. 그러니 영업 조직의 리더는 Chapter 4.를 먼저 읽기를 추천한다.

또한 Chapter 4.의 뒷부분에는, 영업 조직의 구성원들이 겪는 심리적 어려움에 대해서 다루었다. 이 부분은 멘탈 이슈로 힘들어하는 영업 조직의 MZ세대들을 자주 경험하면서, 이들에게 도움이 되기를 바라는 마음으로 썼다. B2B뿐만 아니라, 모든 분야의 세일즈맨들에게 필요한 내용이 되리라 생각한다.

필자가 이 책을 통해 전하고 싶은 메시지는 '세일즈를 잘하면 성공할 수 있다. 혹은 돈을 많이 벌 수 있다.'가 아니다.

세일즈가 얼마나 기업에 중요한 역할을 하는지, 세일즈맨이 얼마나 매력적인 직업인지 명확히 전달하고 싶었다. 이를 위해서 '진짜 전문가'가 되는 길을 제시하고 싶었다. 이 길에 모든 세일즈맨을 초대하고 싶다.

CHAPTER 2. 전문가영업의 성공 원리

CHAPTER 3. 전문가영업의 핵심 스킬

B2B
SALES

CHAPTER 1.
전문가영업의 이해

CHAPTER 1.
전문가
영업의
이해

세일즈의 비전

① 영업대표는 기업 성공의 근원
② 영업대표가 최고의 연봉을 받는 이유
③ 영업대표는 AI로 대체되지 않는 직업

세일즈의 전문성

① B2B 세일즈는 B2C 세일즈와 다르다
② B2B 세일즈는 본질적으로 전문가영업이다

관계영업 VS 전문가영업

① 전문가영업이 최고의 성과를 만든다
② 관계 중심의 영업을 하면 안 되는 이유!
③ 관계 중심의 영업이 가능한 분야도 있다
④ 내부의 적을 경계하라

이기는 영업 조직과 영업대표

① 수주영업이 무엇인지 알아야 이긴다
② 성과가 낮은 영업 조직에는 공통점이 있다
③ 건설적인 파괴력을 가진 영웅이 필요하다
④ 신규 영업이 승부처다

1 영업대표는 기업 성공의 근원

수주영업에서 영업담당자를 영업대표(Sales Representative 또는 줄여서 Sales Rep)라고 한다. 영업대표라는 말의 뜻은, 조직과 조직의 거래에서 판매자 조직을 대표한다는 의미를 담고 있다.

영업대표의 역할은 크게 두 가지로 볼 수 있다.

① Selling : 고객이 원하는 솔루션을 파는 일이다.

솔루션이란 자사의 상품이나 서비스를 고객의 니즈에 맞추어 개별화(Customization)하여 제공하는 것이다. 따라서 자사의 상품이나 서비스는 동일해도, 고객에 따라서 제공하는 솔루션은 항상 다르다.

B2B 영업을 하는 사람들은 "내부영업이 반이다."라는 말을 한다. 왜냐하면 고객이 원하는 솔루션을 세팅하기 위해서는 해당 부서와 협력, 협상, 갈등, 협박 등 온갖 일들을 해야 하기 때문이다. 이때 영업대표의 리더십이 참으로 중요하다. 내·외부의 압력 가운데서 영업대표가 만들어 제공하는 가치는, 고객의 성공에 결정적인 기여를 할 가능성이 크다. 이럴 경우, 경쟁사들이 침범하기 어려운 고객과의 특별하고 지속적인 파트너 관계가 형성된다.

② Sensing : 시장과 고객의 요구를 읽어서 자사의 상품과 서비스에 반영하는 일이다.

지금과 같이 시장과 상품의 경계가 무너진 초연결 시장에서는 고객과 고객의 가치에 대한 정의가 고정되지 않고 시시각각 변한다. 우리의 고객은 누구이며, 고객에게 제공하는 가치는 무엇인가? 우리가 누구와 경쟁하고 있으며, 누구와 협력해야 하는가? 이러한 질문들에 대한 판단은 회사를 성장시키는 근원으로서 매우 중요하다.

이 역할을 가장 잘할 수 있는 사람이 바로, 현장에 있는 영업대표이다. 영업대표는 시장의 흐름을 민감하게 감지하여, 실시간으로 현장의 목소리를 조직에 전달해야 한다. 고객에게 가치를 전달하고, 시장과 고객의 요구를 회사에 전달하는 역할. 기업에서 영업대표의 Selling과 Sensing은 우리 인체에서 피를 순환시키는 동맥과 정맥의 역할을 한다. 세일즈는 기업의 생명을 유지시키는 '심장'과 같다.

> **기업에서 영업대표의 Selling과 Sensing은, 우리 인체에서 피를 순환시키는 동맥과 정맥의 역할을 한다. 세일즈는 기업의 생명을 유지시키는 '심장'과 같다.**

2 영업대표가 최고의 연봉을 받는 이유

글로벌 IT/SI 컨설팅 기업의 인사 담당자와 대화를 나눈 기억이 난다. 임금 이야기가 나왔는데, 당연히 컨설팅 사업부의 컨설턴트 연봉이 가장 높을 것이라고 생각했다. 그 회사는 맥킨지 등 유수의 글로벌 컨설팅 기업에서 인재를 스카우트하는 경우도 많았기 때문이다. 그런데 담당자는 '컨설턴트보다 임금이 높은 단 하나의 직종'이 있다고 했다. 바로 영업 조직의 영업대표(Sales Representative)들이다.

컨설턴트들이 자신의 능력으로 회사에 기여할 수 있는 매출은 얼마일까? 수억 원? 아마도 많아야 수십억 원일 것이다. 그러나 영업대표가 관리하는 특정 세일즈 기회는 수백억, 수천억, 수조 원의 매출을 좌지우지 한다. 예를 들어, A은행 차세대 시스템 구축 3천억 원, 군 통신체계 1조 원, …… 이런 식이다.

생각해보라. 누구의 대우가 더 좋겠는가? 회사는 수주 원리를 아는 전략적인 사람 한 명이 있으면, 엄청난 매출을 얻게 된다!

필자에게 컨설팅이나 코칭, 교육을 요청하는 곳은, 주로 기업 고객이나 정부 조직을 상대로 하는 세일즈 규모가 큰 기업들이다. 방위산업, 대형 IT시스템구축 기업, 솔루션 기업(클라우드, ERP, CRM 등), 엔지니어링/건설, 대형 컨설팅/회계법인, 면세점, 대형 F&B(Food &

Beverage) 등이다.

이런 곳에는 대우를 제대로 받는 소수의 영업 전문가들이 있으며, 앞으로는 더 많은 영업 전문가가 필요할 것이다. 왜냐하면 내수 시장이 작은 한국 기업들은 숙명적으로 해외로 나가야 하기 때문이다.

> **"**
> **앞으로는 더 많은 영업 전문가가 필요할 것이다. 왜냐하면 내수 시장이 작은 한국 기업은 숙명적으로 해외로 나가야 하기 때문이다.**
> **"**

3 영업대표는 AI로 대체되지 않는 직업

전문가영업이란 말은 영업의 전문성이 높아졌다는 의미이다. 현대로 올수록 영업의 전문성은 높아졌다. 특히 모바일 시대가 열렸던 2008년 이후, 지난 15년간 전문가영업은 더 중요해졌고, AI 솔루션이 열리는 미래에는 더욱 중요해질 것이다. 왜 그런가?

① 모바일 시대의 세일즈

우선 지난 15년간 모바일 시대의 세일즈 변화를 보자.

고객은 이제 인터넷 사이트에서 잘 설명된 솔루션을 이미 학습하고 온다. 더 이상 세일즈맨의 솔루션 설명은 필요 없어졌다! (대니얼 핑크는 고객과 세일즈맨 사이의 '정보 비대칭성'이 사라졌다고 표현한다.) RAIN sales training의 내부통계에 의하면, 2008년 모바일 혁명 이후 일어난 가장 큰 변화는 65%의 고객이 세일즈맨을 만나기 전에 잠재적 구매 결정을 한다는 점이다.

그럼에도 중요한 구매를 할 때, 고객은 여전히 세일즈맨을 만나려고 한다. 고객은 세일즈맨에게서 일반적인 지식을 넘어서는 전문가로서의 통찰력을 얻고자 한다. 그들은 이 복잡해진 솔루션이 자신의 산업과 미래에 어떤 영향력을 줄 것인지 통찰력 있는 의견을 듣고 싶어

한다. 즉 더 스마트해진 고객의 기대에 부응하기 위해서는 더 전문성 높은 세일즈가 필요하다.

> **정보의 비대칭성이 사라진 모바일 시대에도 고객은 여전히 영업대표를 찾는다. 그들이 원하는 것은 상품의 정보가 아니라 산업과 미래에 대한 전문가의 통찰력(Insight)이다.**

② AI 시대의 세일즈

AI 솔루션은 다른 산업에서와 마찬가지로 세일즈 영역에서도 절대적인 영향력을 미치고 있다. 그 요체는 '세일즈 자동화' 또는 'AI 기반의 마케팅 중심의 세일즈'이다.

AI를 통한 세일즈의 대표적인 분야는 B2C 분야의 소규모 세일즈다. 그러나 AI 또는 AI 할아버지라도 대체가 안 되는 분야가 있는데, B2B의 대형 세일즈이다. AI로 대체가 안 되기 때문에 사람의 전문성이 더 중요해지는 것이다.

B2C 분야	B2B 분야
소규모 세일즈	대규모 세일즈
자동화된 세일즈 (AI 기반 마케팅 중심) AI는 대체재 (세일즈를 대체함)	전문가 중심의 세일즈 (사람 중심, AI를 보조로 활용) AI는 보조재 (세일즈를 보조함)

"그러나 AI 또는 AI 할아버지라도 대체가 안 되는 분야가 있는데, B2B의 대형 세일즈이다. AI로 대체가 안 되기 때문에 사람의 전문성이 더 중요해지는 것이다."

AI가 대규모 B2B 영업을 대체하기 어려운 이유는 다음과 같다.

– 고객 조직의 복잡성

B2B 영업은 고객과의 신뢰를 구축하고, 고객의 문제를 이해하여, 그 대안을 찾아가는 일이다. 고객 조직에는 기술 전문가, 경영자, 운영자 등 의사결정에 참여하는 수많은 관련자들이 있고, 이들은 각기 다른 관심과 전문성을 가지고 문제에 접근한다. 고객마다 개별적이고 고

유하게 일하는 방식이 있다. 이런 조직과 일을 할 때 데이터 중심의 의사결정을 하는 AI의 판단을 따를 수는 없다.

- 솔루션의 복잡성

고객에게 제공하는 솔루션은 고객에 따라 다르다. 고객은 단순히 기술적인 요구만이 아니라 문화적인 요구(예를 들어, 유럽 국가들이 편하게 생각하는 UX가 다르다.) 사회적인 요구(예를 들어, 일본 기업은 한국 기업의 솔루션을 선호하지 않는다.) 등 주관적이고, 비정형적이면서, 때로는 합리적이지도 않은 니즈를 가지고 있다. 이러한 니즈들은 빅데이터와 딥러닝으로도 솔루션에 반영하기는 어렵다.

SALES STORY

AI가 대체하는 세일즈 분야

향후 B2C 분야뿐만 아니라 소액 규모의 B2B 아이템 역시 AI 기반의 플랫폼으로 자동화될 것이다.

B2B의 예로는, 최근에 필자가 몸담았던 기업교육 업체의 사례가 있다. 규모가 큰 교육 솔루션의 경우에는 영업대표들이 입찰에 참여하여 세일즈가 일어난다. 하지만 소규모 교육을 구매하는 기업들을 위해서는 플랫폼을 중심으로 세일즈를 자동화하고 있다.

기업에 필수인 법정 의무교육(성희롱 방지 법정교육 등) 등은 홈페이지를 통해 세일즈맨의 개입 없이 구매 가능하다.

이 외에도 소규모 CRM, ERP를 비롯한 수많은 업무 자동화 솔루션 세일즈 역시 빠르게 AI 기반의 자동화된 플랫폼으로 대체되고 있다.

사실, 기업에서 이렇게 변화를 주도하는 가장 큰 이유는 영업대표의 고임금 때문이다. 지금의 고임금 구조 속에서 소액 규모의 세일즈를 수동으로 개별 대응하는 것으로는 기업의 수익모델을 만들기 어렵다.

따라서 AI가 대체하는 세일즈의 구분은, B2C 또는 B2B의 여부보다 거래의 규모에 따른다고 보는 것이 더 정확하다.

세일즈의 비전

① 영업대표는 기업 성공의 근원
② 영업대표가 최고의 연봉을 받는 이유
③ 영업대표는 AI로 대체되지 않는 직업

세일즈의 전문성

① B2B 세일즈는 B2C 세일즈와 다르다
② B2B 세일즈는 본질적으로 전문가영업이다

관계영업 VS 전문가영업

① 전문가영업이 최고의 성과를 만든다
② 관계 중심의 영업을 하면 안 되는 이유!
③ 관계 중심의 영업이 가능한 분야도 있다
④ 내부의 적을 경계하라

이기는 영업 조직과 영업대표

① 수주영업이 무엇인지 알아야 이긴다
② 성과가 낮은 영업 조직에는 공통점이 있다
③ 건설적인 파괴력을 가진 영웅이 필요하다
④ 신규 영업이 승부처다

1 B2B 세일즈는 B2C 세일즈와 다르다

전문가영업을 필요로 하는 대규모 B2B 세일즈와 일반 개인을 대상으로 하는 B2C 세일즈의 일반적인 차이점은 다음과 같다.

구분	B2C 세일즈	B2B 세일즈
1) 대상	개인	집단(기업 조직, 공공 조직)
2) 세일즈 내용	제품, 서비스	솔루션(아이템 복잡성 높음)
3) 세일즈 방식	마케팅이 리딩	세일즈가 리딩(마케팅은 지원)
4) 세일즈 승부처	관계 형성	정보와 전략
5) 매체	카탈로그, 브로슈어	제안서

① 대상 :

수주를 통해서 세일즈가 발생하는 대규모 B2B 거래는 개인이 아닌 집단(구매자, 평가자, 영향자 등)이 고객이다.

대규모 B2B 사업은 단순히 한 개인을 설득해서는 수주가 되지 않는다. 다양한 참여자들이 오랜 시간에 걸쳐 의사결정을 진행한다. 대부분의 입찰 절차에는 평가위원회가 있다. 심지어 막강한 권한을 가진 사기업의 CEO라 하더라도 개인적으로 의사결정을 하지 않는다. 집단적 의사결정을 통해 위험을 최소화하기를 원하기 때문이다.

따라서 수주를 위해서는 재무 담당자에게는 가격의 합리성을, 기술 전문가에게는 기술의 타당성과 혁신성을, 사용자에게는 적합성과 편의성을 설득할 수 있는 전문적인 역량이 필요하다.

② 세일즈 내용 :
대규모 B2B 세일즈는 조직 기반의 솔루션을 통해 고객에게 가치를 판매한다.

이는 B2C 세일즈에서 개인 또는 소규모 팀을 기반으로, 이미 만들어진 상품이나 서비스를 판매하는 것과 차이나는 지점이다. 거래 규모가 커질수록 솔루션이 복잡해지고 고객마다 요청하는 솔루션이 다르다.

이런 특성 때문에 공급업체는 세일즈 조직뿐만 아니라 수행 조직을 포함한 회사 전체가 고객의 니즈에 맞춘 솔루션을 개발해야 한다. 즉, 전사적인 대응이 필수이다.

이러한 과정을 단순한 세일즈와 구분하여 B/D(Business Development), 즉 '사업개발(비즈니스 개발)'이라는 용어를 사용한다.

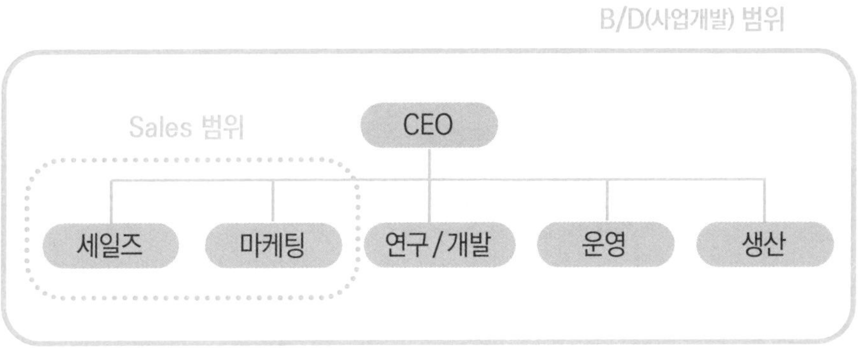

● Sales와 B/D의 범위

세일즈는 정해진 상품과 서비스를 세일즈 부서에서 판매하는 행위를 말한다. 따라서 연구, 생산, 운영 등 각자 조직의 역할에 충실하면 세일즈가 일어난다. 그러나 사업개발은 고객의 요구를 자사 상품이나 서비스에 반영해서 '솔루션 세팅'을 해야 한다. 따라서 관련 부서가 긴밀하게 협력해야만 성공할 수 있다.

> **"공급업체는 세일즈 조직뿐만 아니라 수행 조직을 포함한 회사 전체가 고객의 니즈에 맞춘 솔루션을 개발해야 한다. 이러한 과정을 단순 세일즈와 구분하여 B/D(Business Development), 즉 '사업개발(비즈니스개발)'이라는 용어를 사용한다."**

아래 그림에서 우상향 화살표의 의미는, B/D(사업개발)를 통한 솔루션 판매로 갈수록 고객의 효용이 커지고, 동시에 판매자 조직의 이익률도 좋아지기 때문에 이를 지향해야 한다는 뜻이다.

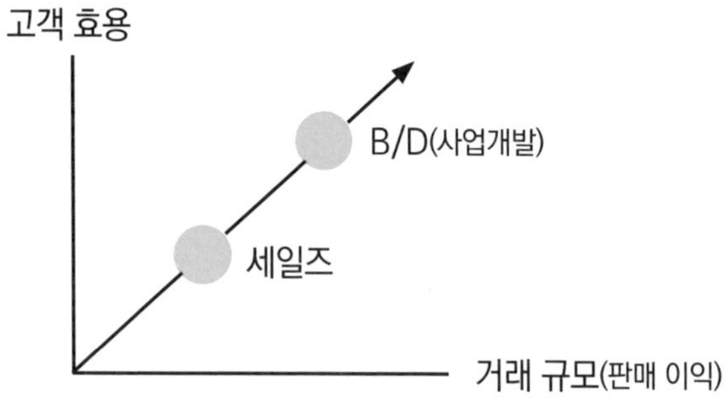

● Sales와 B/D의 효과

세일즈와 사업개발을 기계적으로 구분할 수는 없다. 고객의 니즈를 더 적극적으로 자사의 상품과 서비스에 반영하여, 기존 상용품과의 구분이 더 명확해질수록 사업개발에 가깝다.

이렇게 개별화된 솔루션을 제공하는 것의 특징은 다음과 같다.

– 장점 : 높은 개별화 수준은 경쟁자를 물리치게 된다.

고객에 대한 맞춤화 과정이 복잡해질수록 경쟁자의 진입장벽이 높아진다. 경쟁이 약해지므로 이익률(Margin Rate)이 좋아지게 된다. 또한 고객과의 장기적인 파트너십이 구축된다.

- 단점 : 잠재적 리스크는 업무 과다이다.

필자의 경험으로는 충분히 규모가 크지 않은 사업의 경우에는 솔루션 개발의 수준을 신중히 결정할 필요가 있다. 개별화된 솔루션을 제공할수록 단가는 조금 높아지겠지만, 그보다 비용 상승분이 더 커짐으로써 오히려 수익률을 악화시킬 수 있기 때문이다.

③ 세일즈 방식 :
AI가 산업 전반에 본격 적용되면서 B2C에서는 디지털 마케팅의 영향력이 절대적인 반면, B2B는 여전히 세일즈가 리딩하며 마케팅이 지원한다.

AI 시대의 마케팅(디지털 마케팅)은 예전보다 세일즈에 더 절대적인 도움을 준다. 수요를 예측하여 현실적인 판매목표를 설정할 수 있게 해준다. 이 외에도 빅데이터에 기반한 시장 상황 분석, 고객의 선호도와 구매 행동에 관한 인사이트, 챗봇 상담과 가상 비서 역할 등을 제공받을 수 있다. 특히 B2C 시장에서의 세일즈는 AI 기반의 마케팅으로 급격히 대체되는 형국이다.

그러나 B2B 시장에서는 AI가 할 수 없는 결정적으로 중요한 일들이 있다. 잠재적 기회를 확인하기 위해서는 직접 고객을 만나봐야 한다. 누가 의사결정을 하는지, 예산은 있는지, 이 프로젝트가 얼마나 시급한지, 고객은 어떤 경쟁업체를 만나고 있는지 등등. AI는 결코 '눈치 기반'의 세일즈 활동을 할 수 없다.

또한 앞에서 말했듯이, 수집된 정보로 솔루션을 세팅할 때 단순히 기술적 솔루션이 아니라 인문학적이고, 문화적이고, 시대 상황을 반영한 솔루션을 AI는 세팅할 수 없다.

결론적으로 AI 기반의 디지털 마케팅과 세일즈 지원도구 없이 경쟁하기는 불가능하지만, B2B 세일즈에서는 디지털 도구만으로 절대 성공적인 세일즈가 일어날 수 없다는 것도 자명한 일이다.

SALES STORY

왜 B2C 강자들이 B2B에서 실패하는가?

스타트업 붐의 거품과 코로나19 팬데믹이 잠잠해지면서 B2C 온라인교육 시장은 대규모 적자 기업들이 속출하고 있다. 스타 강사에 대한 과다한 비용 지불과 수백억 원에 이르는 마케팅 비용을 극복하기가 어렵기 때문이다. 그래서 이 기업들은 B2B 교육(공공기업, 기업 대상)으로 시장을 확대하려는 시도를 하였으나 그 또한 쉽지 않다. 왜냐하면 그 시장에는 이미 수십 년에 걸쳐서 노하우와 고객 지식이 축적되어 있는 삼성 SDS의 멀티캠퍼스나 휴넷과 같은 전문기업이 있기 때문이다.

이러한 사정은 대형 플랫폼 기업들도 마찬가지다. '시즌 2는 B2B'라고 선언하며 야심차게 B2B로 확장을 시도한 카카오는 엔터프라이즈 사업을 대폭 축소하였다. 신규 B2B 서비스들은 전통적인 B2B 솔루션 기업들(오라클, 세일즈포스, IBM 등)의 전문적인 세일즈를 넘어서지 못하고 있다.

B2B 시장 진출에 있어서 가장 큰 어려움은 솔루션이나 투자가 아니다. 그것은 전문영업 조직의 부재이다. 고객의 니즈에 맞추어 솔루션을 합의하고, 이를 매출로 연결할 줄 아는 훈련된 영업대표가 없는 것이다. 이런 전문 조직은 아무리 많은 돈으로 인력을 스카우트하더라도 쉽지 않다. 그 시장의 전문가 조직으로 세팅되기까지는 상당한 시간이 걸리고 리스크도 크다.

④ 세일즈 승부처 :
대규모 B2B 세일즈는 관계 형성이 아니라 정보와 전략에서 이겨야 한다.

소규모 B2C 세일즈는, 대부분 아는 사람을 통해서 구매를 한다. 대표적인 것이 자동차나 보험일 것이다. 그러나 B2B 솔루션을 다루는 기업에서 이렇게 관계 중심으로 수주영업을 이해하면 저성과 조직이 된다. 관계가 아니라 정보 수집과 차별화된 전략 개발이 수주를 결정한다.

● B2C 세일즈와 B2B 세일즈의 판매 근간

대규모 세일즈는 고객 조직, 즉 여러 이해관계자들을 설득해야 하므로 일일이 관계를 형성해서 세일즈에 성공하려는 방법은 적합하지 않다. 그보다는 조직을 이해하기 위한 정보 수집에 집중하는 편이 더 효율적이다. 고객의 구매이력, 구매참여자들, 선호하는 구매요소(가격, 품질 등등)를 파악하는 것이 더 유리하다.

> **대규모 B2B 세일즈는 관계 형성이 아니라 정보와 전략에서 이겨야 한다.**

SALES STORY

돈 되는 고객은 관계에 관심이 없다

필자는 20대 중반의 어린 나이에 세일즈를 시작하였다.

첫 번째 자동차에 이어서 두 번째는 기업에 교육 프로그램을 파는 일이었는데 정말 잘하고 싶은 마음이 컸다. 자연스럽게 '관계 중심'의 고객에게는 친밀함(함께 술 마시고, 밥 먹고 하는 등)으로 접근했고, '가치 중심'의 구매 고객에게는 또 그렇게 대응했다.

어느 날 신기한 깨달음이 왔다. '관계 중심'의 고객들은 만날 기회도 많아서 친밀했는데 돈이 안 되더라는 점이다. 한 10분 정도 고민을 해보니 시장이 매우 선명하게 이해되었다. 관계 중심의 고객들은 마진이 박한 최저가 시장(Low-End Market)의 고객들이었다. 한편 가치를 구매하는 고객은 자신의 니즈를 충족시켜 줄 차별화된 솔루션을 찾는 데에 혈안이 되어 있어서, 관계에는 큰 관심이 없더라는 점이다.

'가치 구매' 고객들과는 친밀감도 없고 데면데면하지만, 내 매출의 대부분은 이 기업들, 나중에 나를 채용하기까지 한 SK텔레콤을 비롯한 유수의 우량 기업들로부터 나온다는 점을 깨닫게 되었다.

더불어 시간이 지나면서 추가로 더 깨닫게 된 사실은, '가치 중심'으로 형성된 관계가 가장 건강하고 오래가더라는 점이다.

⑤ 매체 :
소규모 세일즈나 B2C 세일즈는 카탈로그가, 대규모 B2B 세일즈는 제안서가 필요하다.

상품과 서비스를 판매할 때는 그 장점을 잘 설명하는 카탈로그(브로슈어)가 필요하고, 수주를 위해서는 제안서가 필요하다. 카탈로그가 상품 / 서비스를 설명하고 있다면, 제안서는 특정 고객과 특정 사업의 니즈를 반영해 개별적이고 고유한 솔루션을 제시해야 하기 때문이다.

제안서에 담겨야 할 핵심 내용은 다음과 같다.

니즈 정의	특정 고객의 특정 사업에 대한 니즈를 정의
솔루션 제시	고객의 이슈를 해결하기 위한 자사의 솔루션 제시
가치 제시	우리의 솔루션을 통해서 고객이 얻게 되는 가치 제시

고객마다 다른 이슈를 가지고 있기 때문에 다른 솔루션을 제시해야 한다. 그러나 현장에서는 고객의 이름만 바꾸어 사용하는 카탈로그 같은 제안서를 제공하는 경우를 흔하게 본다. 이는 우리의 솔루션이 매우 단순한 서비스 / 상품이거나 제안서의 수준이 낮다는 것을 보여주는 증거다.

2 B2B 세일즈는 본질적으로 전문가영업이다

B2B 세일즈는 솔루션을 파는 것이다. 솔루션은 '상품과 서비스를 고객의 가치 관점에서 재구성(결합, 분해)하는 것'이다. 따라서 B2B 세일즈에 성공하려면 영업, 솔루션, 산업에 대한 전문가가 되어야 한다.

① 영업 전문가

잠재 고객을 발굴하고, 고객의 니즈를 정의하고, 이를 솔루션과 연결할 수 있는 전문성이 있어야 한다. 이를 위해서는 잠재 고객 발굴을 위한 콜드콜, 전략적 미팅 실행, 수주 / 제안전략 개발, 제안서 작업, 프레젠테이션 등에 대한 전문성을 갖추어야 한다.

② 솔루션 전문가

솔루션을 피상적으로 알아서는 고객을 설득할 수 없다. 솔루션을 다루는 조직 내의 전문가들에 근접한 수준으로 학습이 되어야 한다. 솔루션이 특정 고객의 특정 사업을 위한 관점에서 재정의될수록 고정된 상품이나 서비스를 팔 때보다 더 높은 가치를 제공할 수 있다. 그 결과 판매자의 이익(Margin)도 높아진다. 즉, 솔루션에 대한 전문성이 높을수록 고객 가치와 자사 이익이 비례해 증가한다.

③ 산업 전문가

단순한 상품 지식을 넘어서 해당 분야 산업에 대한 전문성 또한 중요하다. 전문가영업은 단순 판매가 아닌 컨설팅을 통한 문제 해결 과정이기 때문이다. 영업대표가 산업 전문성을 가질 때, 컨설팅 기반 영업(Consultative Selling)이 가능하다.

예를 들어, 영업대표가 레이더를 세일즈하는 사람이라면 그 상품 자체에 대한 지식만큼이나 공군 무기체계 또는 방위산업 전반의 추세와 미래에 대해서 고객과 논의할 수 있는 수준의 전문성이 필요하다. 마찬가지로 내가 온라인교육(E-러닝)을 세일즈한다면 온라인교육을 넘어서 기업 교육(HRD)전반에 대한 지식이 중요하다. 이런 배경지식 없이는 고객에게 솔루션을 제공하는 전문가영업이 불가능하다.

● B2B 전문가영업에 필요한 세 가지 분야의 전문성

영업 전문성, 솔루션 전문성, 산업 전문성은 정보와 지식에 대한 부분이다. 이 모든 것을 매출로 연결해내는 능력이 '전문가영업'의 핵심이다.

CHAPTER 1. 전문가 영업의 이해

세일즈의 비전

① 영업대표는 기업 성공의 근원

② 영업대표가 최고의 연봉을 받는 이유

③ 영업대표는 AI로 대체되지 않는 직업

세일즈의 전문성

① B2B 세일즈는 B2C 세일즈와 다르다

② B2B 세일즈는 본질적으로 전문가영업이다

관계영업 VS 전문가영업

① 전문가영업이 최고의 성과를 만든다

② 관계 중심의 영업을 하면 안 되는 이유!

③ 관계 중심의 영업이 가능한 분야도 있다

④ 내부의 적을 경계하라

이기는 영업 조직과 영업대표

① 수주영업이 무엇인지 알아야 이긴다

② 성과가 낮은 영업 조직에는 공통점이 있다

③ 건설적인 파괴력을 가진 영웅이 필요하다

④ 신규 영업이 승부처다

| 관계영업 VS 전문가영업 |

1 전문가영업이 최고의 성과를 만든다

영업을 하는 방법은 백인백색이다. 그래서 사람들이 빠지기 쉬운 함정은 "영업에는 왕도가 없다."라는 말에 동의하는 것이다.

영업에 왕도는 있다! 특히 수주영업에서는 지켜야 할 중요한 원칙들이 있다. 이 원칙의 핵심은, '전문가영업(SBS, Solution Based Selling)'을 하면 성과가 오르고, '관계영업(ABS, Alcohol Based Selling)'을 하면 성과가 떨어진다는 것이다.

실제로 《하버드비즈니스리뷰(Harvard Business Review)》에 실린 글에 의하면, 최고의 성과를 내는 영업대표들을 다섯 가지 유형으로 나눌 수 있는데, 그 중 과반수 이상(54%)은 전문가영업(SBS)을 한다. 그리고 이들의 단지 4%만이 관계 구축 영업(ABS)을 한다.*

* 주)
전문가영업은 Solution Based Selling, Consultative Selling 등 다양한 표현이 있다. 위의 아티클에서는 전문가영업을 하는 사람을 'Challenger', 관계 구축 영업을 하는 사람을 'Relationship Builder'라고 호칭한다.

Harvard Business Review

Sales And Marketing

Selling Is Not About Relationships

by Matthew Dixon and Brent Adamson

September 30, 2011

The first article in a four-article series. Read th
fourth entries.

Ask any sales leader how selling has changed i
and you'll hear a lot of answers but only one re
a lot harder. Yet even in these difficult times, e
organization has a few stellar performers. Who
How can we bottle their magic?

6,000명 중 가장 성과가 높은 그룹

① 54% 전문가영업(Challengers)

② 10% 하드 워커형(Hard Workers)

③ 25% 외로운 늑대형(Lone Wolves)

④ 7% 수동적 문제 해결형
(Reactive Problem Solvers)

⑤ 4% 관계영업
(Relationship Builders)

● 고성과 영업대표들의 복잡한 솔루션의 5가지 영업 방식

세계적으로 100여 개국, 6,000명의 영업대표를 대상으로 실시한 조사 결과, 스타 영업대표의 상당수가 솔루션이 복잡할수록 전문가영업을 하는 것으로 나타났다. 관계 형성을 중심으로 영업하는 사람들은 스타 영업대표 중에서 가장 소수였다. (출처 _ 《Harvard Business Review》)

뒤에서 자세히 기술하겠지만 RFP(Request for Proposal, 제안요청서) 이전의 고객은, 몸이 아파 병원을 찾은 환자와 같다. 자신의 병이 무엇인지, 죽을 병은 아닌지 여러 고민(Pain Point)을 가지고 있다. 이런 상태에서 환자가 의사에게 아낌없이 정보를 주는 이유는 '친해서'가 아니다. 의사가 자신의 문제를 해결해 줄 '전문가'이기 때문이다.

고객은 자신의 문제를 해결해줄 전문가를 찾는다. '관계 중심'의 영업을 하는 사람보다 '전문가영업'을 하는 사람들의 성과가 높은 필연적

인 이유이다.

따라서 고객과 맹목적으로 친해지려 하기보다, 전문가로 포지셔닝해야 한다. 그러면 고객으로부터 차별화된 정보를 얻을 뿐 아니라 절대적인 영향력을 행사할 수 있게 된다. 이것이 전문가영업이 효과적인 이유이다.

고객이 영업대표를 난지 세일즈맨으로 인식한다면, 고객은 구매가 결정된 후에 구매 문의만 하게 된다. 이것은 영업대표가 고객 사업의 초기 단계에 개입하는 것을 막는다. 만약 고객이 영업대표를 전문가로 인식한다면 사업 초기부터 자신의 문제를 펼쳐 놓고, 어느 정도로 문제가 심각한지, 어떤 대안이 있는지, 어떤 과정을 통해서 구매를 할 것인지 구매 전반에 대한 의견을 듣고자 할 것이다. 이는 전문가영업을 통해 고객 구매 프로세스의 초기에 개입한 영업대표의 수주가능성을 높인다.

> **"고객과 맹목적으로 친해지려 하기보다, 전문가로 포지셔닝해야 한다. 그러면 고객으로부터 차별화된 정보를 얻을 뿐 아니라 절대적인 영향력을 행사할 수 있게 된다. 이것이 전문가영업이 효과적인 이유이다."**

SALES STORY

전문가영업의 고객 접근법

필자의 경험에서 전문가영업(SBS, Solution Based Selling)을 하는 방법으로 유효했던 접근법은 다음과 같다.

1) 고객을 교육한다.

해당 솔루션에 대해서 고객보다 더 전문가이므로, 이를 세일즈 이외의 방식으로 전달하면 할수록 역설적이게도 효과적인 세일즈가 일어난다. (다음 페이지 사례 참고)

2) 고객의 관심에 맞추어 메시지를 전달한다.

고객 조직에서 개인들이 맡은 업무나 포지션에 따라서 그들의 관심은 다르다. 이들 각각에 맞추어 메시지를 각색한다. 예를 들어, 기술 담당자에게는 솔루션의 우수성을, 예산 담당자에게는 가격의 합리성을 강조한다.

3) 고객의 이익을 위해서 아이디어를 낸다.

고객의 비즈니스를 이해하고, 고객의 이익을 위해 고민한다. 그러다 보면 자연스럽게 새로운 아이디어가 나온다. 이런 경우, 기존보다 솔루션이 더 복잡해지기도 한다. 하지만 복잡한 솔루션을 판매할수록 성과가 좋아진다.

SALES STORY

전문성을 세일즈하라!

전문가영업을 하려면 고객에게 차별화된 전문성을 드러내야 한다. 고객이 알아야 사지 않겠는가!

자신의 전문성을 알리는 대표적인 방법은 다음과 같다.

첫째는, 교육을 통한 세일즈(Selling by Teaching)이다.

신기한 현상은, 똑같은 메시지(전문가영업을 하라, 전략적 제안서를 써라, 이기는 PT의 원리는 따로 있다, 등)를 제공해도, 세일즈 PT 장면에서는 팔짱을 끼고 '판단'하던 고객들이 강의 현장에서는 배우려는 자세로 '깨달음'과 '감사'를 표현한다.

필자는 컨설팅회사를 창업하고 10년 동안 매월 공개세미나를 열었다. 고가의 공개세미나(15년 전에 1인당 120만 원)를 매달 개최하기가 힘들어서 대기업과 공동으로 개최하기도 했고(5년은 IBM, 5년은 삼성 멀티캠퍼스), 또 인원이 모자라면 최소 인원을 채우기 위해서 무료로 초빙하기도 했고, 결국 채우지 못해서 세미나를 오픈하지 못한 때도 있었다. 이 공개세미나는 우리 세일즈의 근원이 되었다. 지금도 필자는 매월 수주 관련 강의를 하고 있다. 수백 개 기업을 대상으로 수만 명의 비즈니스맨들에게 해 왔으며 앞으로도 계속할 것이다.

둘째는, 저술 활동이다.

열독률이 높은 비즈니스 잡지(〈DBR〉, 〈월간 국방〉 등)에 글을 싣고, 이 글들을 묶어서 책을 발간하였다.

책으로 수주 노하우를 공유하려고 하자 내부 직원들의 반대도 있었다. 모두 알려주면 고객은 스스로 하려고 우리 컨설팅을 찾지 않을 것이고, 또 많은 모방 경쟁업체가 따라 할 것이라고 걱정하였다.

결과적으로 보면 그 염려는 기우였다. 내용이 상세하고 깊을수록 고객들은 그 프로세스를 따라 하면서 우리 컨설팅에 대한 의존도가 더욱 커졌다. 또한 많은 모방 경쟁업체가 생겨났지만 이들은 오히려 시장 내 우리의 포지션을 강화시켜주었다. 이들의 세일즈 결과로 고객이 컨설팅을 구매하기 위해서는 반드시 경쟁입찰이 필요했고, 우리 회사에게는 늘 기회가 주어졌다.

셋째는, 유튜브 강의이다.

수주업은 기회 발굴부터 빅토리 파티까지, 영업 – 전략 – 제안서 – PT까지 매우 방대한 내용이다. 현장에서 만나는 고객에게 세부적인 사항까지 충분히 전달할 수 없기 때문에, AS 측면에서 유튜브로 세부 강의를 제공한다. 이는 결과적으로 높은 충성심을 가진 고객을 만들고, 재구매와 확대 구매의 기회를 제공해주었다.

2 관계 중심의 영업을 하면 안 되는 이유

① 고객이 영업대표를 비전문가로 인식하게 된다.

관계중심 영업(ABS)은 고객에게 우리는 전문가가 아니고, 우리의 솔루션은 차별화되어 있지 않다는 시그널을 보내는 것이다. 그 결과 고객과 친밀한 관계를 맺고자 노력할수록 고객은 우리를 멀리하려 한다.

다음의 사례를 읽어보면 더 쉽게 와닿을 것이다.

SALES STORY

친밀함 대신 전문가로 포지셔닝

A제약회사 회장님의 감동적인 일화이다.

이분은 우리나라 1등 제약회사의 영업사원이었다. 알다시피 제약 영업은 의사들을 상대로 한 접대 영업이 가장 활발한 분야이다. 신입사원 연수가 끝나고 나면 통상 선배들로부터 어깨너머로 술집에서 접대하는 법을 배웠다고 한다. 이분은 기독교인이었던 관계로 술집 가기를 꺼려했고, 자연스럽게 그런 접대 자리에는 본인만 빠지게 되었다. 고객(의사)들은 접대하지 않는 영업사원에 대한 불쾌함을 표현하기도 했다.

세월이 흐를수록 술자리를 많이 한 경쟁사 영업사원들은 고객들과 친밀해졌다. 하지만 고객이 제약회사의 전문성이 필요할 때 질문을 하면 정작 이분만 답을 하는 경우가 많았다. 결과적으로 이분에 대한 고객들의 의존도는 점점 커져 갔고 더 많은 프로젝트를 하게 되어, 당시에 주니어(대리, 과장)임에도 불구하고 전국 1등의 성과를 냈다고 한다.

이분의 이야기는 필자에게 큰 깨달음을 주었다. "모두가 ABS를 하니까 나도 ABS를 한다." 이것이 영업하는 사람들 대부분의 논리지만, 사실 모두가 ABS를 하면 더욱 할 필요가 없는 것 아닌가? 영업의 핵심은 차별화인데 남들이 모두 하는 방법을 내가 왜 할 필요가 있는가?

중요한 것은 '고객이 원하는 가치를 주고 있는가'이다.

② 관계 중심 영업으로 확보한 고객은 불량 고객이다.

관계 중심 영업을 업계에서는 속칭 '형님 영업' 또는 '접대 영업'이라고 부른다. 영업대표에게 접대를 받거나 형님으로 관계를 맺는 사람들은 어떤 사람들일까? 대체로 그들은 수입이 적거나 접대를 선호하는 사람들일 것이다. 그들이 속한 조직은 결코 우량 기업이거나 건강한 문화를 가진 기업이 아니다.

이들은 공급업체에 적절한 수익을 제공하는 데에는 관심이 없다. 필자의 다양한 영업 경험에 의하면, 관계 형성 영업을 통해 확보한 고객은 프로젝트가 끝나고 보면 돈이 되지 않는다.

왜 그런가? 거기에는 더 큰 비밀이 있다. 기업에서 중요한 의사결정

라인(Line of Decision)에 있는 사람들은 접대를 선호하지 않는다. 보안 이슈나 개인적인 리스크 때문이다.

슬프게도 접대를 선호하는 사람들 대부분은 조직의 의사결정 라인에서 벗어나 있는 사람들이다. 순진한 영업대표들은 이들에게 몸바쳐서 영업하고 있는 경우가 종종 있다. 나는 윤리적 관점에서 관계영업을 비판하는 것이 아니라 사업가적 관점에서 관계영업의 비효과성을 이야기하고 있는 것이다.

③ 관계 중심 영업에 익숙해지는 순간 조직과 개인이 망가진다.

ABS가 유효하게 느껴지는 순간, 영업대표는 더 이상 차별화된 솔루션과 전문가를 향한 노력을 포기하게 된다.

생각해보자. 차별화된 솔루션도 없고, 전문가로서 지식도 없는데 몇 번의 접대와 뒷거래로 수주를 했다고 치자. 그 순간부터 영업대표는 수주를 위해서 힘들게 전략을 개발하거나 제안서를 놓고 씨름하지 않는다. 차별화된 솔루션을 내놓으라고 수행 조직, 연구 조직과 갈등할 필요도 없다. 몇 번의 접대와 뒷거래, 이 간편한 방법이 있는데 왜 그런 자갈밭 길을 걷겠는가?

결과적으로 영업대표 개인이 전문가로 성장하지 못할 뿐만 아니라, 조직 역시 차별화된 솔루션을 개발하지 못하게 된다.

SALES STORY

연줄을 잡으려고 노력하지 말고, 구매 결정자를 설득하라

의사결정자와 연줄(Connection)이 닿으면 수주가 될 것이라고 생각하는 영업대표들이 많다. 이 프레임은 사회의 투명성이 낮은 1960, 70년대 한국 사회에서는 유효했다. 또 현재에도 중국, 개발도상국(Developing Country), 일부 동남아시아나 아프리카의 저개발 국가(Undeveloped Country)에서 여전히 유효하다.

그러나 실제로는 많은 고객들이 연줄이 있는 공급업체와 일하는 것을 부담스러워 한다. 생각해보라. 당신 팀이 수천 억에서 수조 원에 이르는 원전사업이나 군 무기체계 사업을 수주했는데, 당신이 고객 조직의 핵심의사결정자의 후배라면 어떤 일이 벌어지겠는가? 아마도 감사팀은 의사결정 과정에 불법적인 거래는 없었는지 특별감사를 진행할 것이다. 고객은 이를 염려하여 커넥션이 있는 당신에게는 오히려 사업 기회를 주지 않는 현상이 발생한다.

상식과는 반대로 불필요하고 과다한 관계 형성은 당신의 수주를 막는다. 오히려 의사결정에 직접 참여하는 사람(Decision Maker)이나 조직 내외에서 영향력을 끼치는 사람에게 우리 솔루션의 특장점을 전문지식에 기반해서 설득하는 것이 가장 효과적이다.

SALES STORY

고객은 어떤 영업대표를 만나고 싶어할까?

필자가 증권회사에 근무할 때의 일이다. 경쟁사에 비해서 주문 속도가 늦자 회사는 난리가 났다. 경영자는 긴급회의를 소집하고, IT 담당 임원을 불러서 호통을 치고, 2 ~ 3개월 내에 문제를 해결하지 못할 경우 인사 조치도 불사할 것임을 선언하였다. 이런 일이 있고 난 후부터 그 임원은 안절부절, 노심초사였다.

그런데 이런 와중에 ABS 방식으로 접근해 오는 IT기업들의 영업대표들을 목격할 수 있었다. 다수의 영업대표들 중 IT 임원에게 식사나 골프 접대를 하려는 사람들은 많았지만, 그 사람들 중에 진정으로 IT 임원의 문제를 해결하려고 접근하는 전문가는 없었다.

만약에 이 상황에서 문제를 해결할 수 있는 솔루션을 찾아 제시할 수 있는 사람이 있다면, IT 임원은 누구를 만나고 싶어할까?

A영업대표 : "상무님, 주말에 골프 한번 모시고 싶습니다."(ABS 접근)

B영업대표 : "상무님, 제가 2주 동안 리서치를 해서 마침내 주문속도를 경쟁자보다 빨리 할 수 있는 솔루션을 유럽에서 찾았습니다."(SBS 접근)

관계 중심의 영업이 가능한 분야도 있다 3

전문가영업의 관점에 동의하지 못하는 세일즈맨들도 많다. 그들은 관계 중심의 영업으로 세일즈 성과를 잘 만들어 왔다고 반박한다. 이런 경우는 대체로 그들이 속한 시장의 특성 때문이다.

① B2C 성격의 소형 세일즈(솔루션의 복잡도가 낮은 단순 상품, 완성품)

만약 제네시스를 사야 하는데 현대자동차에 아는 사람이 있으면 전화부터 하게 된다. 그리고 특별한 일이 없으면 구매하게 된다. 그렇기 때문에 방문판매, 보험영업, 자동차영업 등의 소규모 / B2C 세일즈에서는 인적 네트워크를 넓고 깊게 쌓는 것이 영업 스킬의 핵심이다.

자동차 전문가가 되기 위해서 수많은 자동차 지식을 학습하는 시간보다도 동창회나 향우회, 동호회 모임 등을 다니면서 많은 잠재 고객을 만나는 것이 매출 측면에서 더 효과적일 가능성이 크다. 그래서 B2C는 반드시 전문가영업을 하지 않아도 세일즈가 일어난다.

② 최저가 경쟁 시장의 세일즈

저가 시장(Low-End Market)에서 가장 큰 어려움은, 항상 다수의 최저가 공급업체가 존재한다는 사실이다. 설령 우리 회사가 비용절감을 통해서 일정기간 단독으로 최저가를 유지할 수 있다고 해도, 경쟁사들 역시 빠르게 이 원가를 맞추기 위해서 노력하므로 시장에는 늘 다수의 업체가 최저가를 제공하고 있다.

따라서 고객 입장에서는 공급업체를 선정할 때, 첫 번째 기준인 최저가 이외에 두 번째 기준이 필요하다. 그것은 대체로 담당자(또는 담당부서 책임자)와 친밀한 사람, 일하기 편한 사람일 것이다. 그럼에도 불구하고 필자의 경험에 의하면 보험업, 자동차업 같은 B2C 분야도 최고 세일즈맨들은 압도적으로 전문가영업을 하고 있다.

왜 그런가? 관계 중심 세일즈의 가장 큰 문제는 불완전판매(mis-selling)이다. 즉 고객이 상품이나 서비스의 가치와 사용법을 제대로 모르는 상태에서, 형성된 관계 때문에 구매를 한다는 뜻이다. 그러니 어찌 그 가치를 제대로 누릴 수 있겠는가? 친구가 찾아와서 보험을 들어줬지만 실제로 그 가치는 무엇인지, 언제 활용할 수 있는지 잘 모른다는 뜻이다. 그래서 관계 중심의 세일즈를 통해 구매한 고객은 대체로 후회를 한다. 세일즈 측면에서는 오히려 고객을 잃게 되는 것이다.

반대로 전문가에게 구매를 한 고객은 구매한 솔루션(상품, 서비스)의 목적과 가치를 제대로 이해했기 때문에 당연히 그 구매에 만족하고 타인에게 소개를 해주거나 추가 구매, 지속 구매의 선순환 프로세스를 밟게 된다.

SALES STORY

고객과 친해서 성공하는 세일즈

필자의 첫 직업은 현대자동차 세일즈맨이었다. 지금도 신입사원 교육 때 임원이 들어와서 했던 특강이 생생하게 기억난다.

“얘들아, 노트에 적어라. 한국에는 불멸의 3대 조직이 있다. 그것은 해병전우회, 고려대 동문회, 호남향우회다. 그리고 너희도 그 조직에 속하고 그 선배들을 찾아가라. 걸리면 무조건 ‘형님’ 해라. 바로 계약하고 상황 종료다.” 우리는 유머라고 생각하며 낄낄대고 웃었다. 그런데 그 말은 농담이 아니었다. 현장에서는 진짜로 그랬다. 고향 사투리를 쓰는 사람을 만나면 대충 이야기하다가 고향을 묻는다. 동향이면 그때부터 할 이야기도 많고 금방 친해질 뿐더러 계약서에 사인도 바로 해준다. 왜냐면 현대차가 다 거기서 거기 아니겠는가?

하지만 요즘은 아는 사람을 찾아가서 세일즈를 하는 것은 정말 피해야 할 일이다. 되돌아보니 아무리 B2C라고 할지라도 지인에게도 내게도 그런 류의 세일즈는 도움이 안 되었다. 앞에서 이야기했듯이, 불완전판매의 결과로 고객은 가치를 제대로 누리지 못해서 후회하고, 그 결과로 세일즈맨은 고객을 잃었기 때문에 또한 손해가 되었다.

4 내부의 적을 경계하라

“우리가 ABS(접대 영업, 형님 영업)를 원하겠는가? 고객들이 원하기 때문이다.”라고 항변하는 분들이 있다. 그들이 내부의 적이다. 외부에 있는 ABS를 원하는 고객들보다도 더 극복하기 힘든 내부의 적이다. 그들의 논리는 ABS가 유용한 분야가 여전히 존재하고, 지금 자신들의 고객 대부분은 이미 ABS에 익숙한 분들이라는 것이다. 여기에 대해서 한번 찬찬히 살펴보자.

건설업계의 로비 사건에 대한 몇 년 전의 기사이다.

“입찰 평가위원 명단 빼내 새벽 뇌물 007작전”

〈연합뉴스〉

공사를 따내기 위한 건설업계의 평가위원 로비 비리의 실체가 경찰의 파주 교하 신도시 복합커뮤니티센터 입찰비리 수사 결과 7일 적나라하게 드러났다. 건설업체들은 수백 명의 각 분야 전문가로 구성된 평가위원 후보자 가운데 유력한 이들을 추려낸 뒤, 술과 골프 향응으로 집중적으로 관리해 오다 결정적일 때 활용했다. 일부 평가위원과 후보자는 이들의 접대와 뇌물에 맥없이 무너졌다. (중략) 이들은 평가위원 선정이 확인된 환경관리공단 D팀장에게 4만 달러(5천만 원 상당)를 전달했다. 또 LH 공사(당시 대한주택공사) E팀장에게는 10여 일 뒤 감사의 표시로 2천만 원을 건넸다. B건설 A과장의 파일에도 조달청 직원 2명, LH공사 직원 2명, 대학교수 10명, 군장교 11명 등 전문가 집단이 로비 대상으로 망라돼 있다. 이번 사건은 평가위원으로 참여한 서울 Y대 이모 교수가 K건설 과장으로부터 10만원권 상품권 100장을 받았다고 폭로해 그동안 '쉬쉬' 하던 건설업계 로비 관행의 실체가 드러나게 됐다.

관계영업의 위험은 이렇게 법의 경계를 넘나들게 될 수도 있다는 점이다. 로비스트가 비즈니스를 하는 산업과 국가는 여전히 존재한다. 과거의 우리나라도 후진국, 개발도상국을 거치면서 이런 일들을 겪었고, 위 기사에서 보듯이 특정 산업에서는 지금도 현재 진행형이다.

중요한 것은 그렇지 않은 시장, 산업 역시 존재한다는 사실이다. 필자는, 만약 내가 속한 산업과 시장이 100% ABS로만 영업이 가능하다면 철수할 것이다. 그러나 실제로는 그런 시장은 존재하지 않는다. ABS를 여전히 해야 한다는 주장은 차별화 / 전문화에 실패한 리더십의 변명일 뿐이다. ABS만 통할 것 같은 업계도 전문가영업을 하는 조직은 이미 존재한다. ABS에 익숙한 조직이 SBS로 이전하지 못할 뿐이다.

그럼 조직 내에서 누가 전문가영업으로 이행하기를 가장 어려워할까? 신입사원은 아니다. 관계영업에 이미 익숙해져 있고, 관계영업으로 성공을 경험한 경영진, 임원, 시니어들이다. 그 경험을 부인한다는 것은 자신들의 정체성과 핵심 경쟁력을 부인하는 격이 되니 충분히 위협적이다.

전문가영업으로 변화하기 위해서는 근원적인 변화(Deep Change)가 필요하다. 전문가영업을 하지 않는 이유는 관계 중심으로 영업을 하는 사람들에 비해서 엄청나게 많은 학습과 부단한 노력을 해야 하기 때문이다. 시장과 솔루션을 전문가 수준으로 이해하려는 노력, 그리고 정보 수집과 전략 개발 등 세일즈에 대한 전문적 능력을 갖추는 노력이 필요하다.

개인과 조직이 전문가영업으로 Deep Change를 할 때, 과거의 영업 습성과 학습에 대한 무능력 등 많은 장애요인들이 있다. 그래서 가장 우선적으로 해야 할 것은, 결별을 선언하는 것이다. 무엇을 할 것인가보다 무엇을 안 할 것인가를 먼저 결정하는 것이 필요하다.

SALES STORY

전문가영업은 힘들다

필자가 운영했던 회사의 영업부서에 입사했던 사람들은 필자의 강의나 글을 접하고, 관계 중심 영업이 지겨워서 전문가영업에 대한 기대로 지원했던 경우가 꽤 있었다. 그런데 가슴 아프게도 많은 직원들이 적응에 실패했다.

필자의 실수가 있었음을 깨달았다. 그것은 전문가영업이 '효과적(Effective)'이라는 말만 했지, '힘들다(Tough)'는 말은 안 했던 것이다.

전문가영업은 '전문가처럼' 영업을 하는 것이 아니다. '실제 전문가'가 되는 것이다. 따라서 엄청난 학습과 성장이 이루어지지 않으면 관념적인 말잔치로 끝날 뿐이다.

전문가영업을 하기 위한 근원적인 변화란, 인식의 전환(Change Perspective)만으로는 충분하지 않다. 행동의 변화(Transfer of Existence)가 필요하다.

"

전문가영업은 '전문가처럼' 영업을 하는 것이 아니다. '실제 전문가'가 되는 것이다. 엄청난 학습과 성장이 이루어지지 않으면, 관념적인 말잔치로 끝날 뿐이다.

"

"

전문가영업을 하기 위한 근원적인 변화란, 인식의 전환(Change Perspective)만으로는 충분하지 않다. 행동의 변화(Transfer of Existence)가 필요하다.

"

SALES STORY

전문가영업을 위한 Do / Don't List

1) ABS → SBS를 위한 Don't List

- 회사의 접대비를 최소화한다.
- 중요한 이슈 없이 고객을 만나는 일은 없도록 한다. 고객을 만날 때는 반드시 중요한 이슈를 발굴(신상품 소개, 고객 산업의 변화 등)해서 만난다.
- 사적인 관계를 통해서 고객을 소개받는 일은 가급적 사양한다.
- 고객에게 도움이 안 되는 솔루션은 세일즈를 금지한다.
- 구매 과정이 적절하지 않은 경우 계약을 사양한다.

2) ABS → SBS를 위한 Do List

- 고객의 고민과 불편한 점(Pain Point)을 정기적으로 파악한다.
- 가시적인 비즈니스가 없을 때 고객의 불편사항과 고민을 묻는 것이 핵심이다.
- 콜드콜을 통해 고객을 확보하는 체계적인 신규 영업 훈련을 한다.
- 질문법과 경청법 등, 효과적인 상담 스킬을 몸에 익힌다.
- 고객에 대한 정보, 상담 결과는 반드시 문서화(Documentation)한다.
- 세일즈의 표준 프로세스와 방법론을 조직 내에서 공유하고 이를 활용한다.

SALES STORY

고객 포트폴리오와 산업 포트폴리오를 구축하라

기업을 건강하고 올바르게 운영하려면 옳지 않은 고객, 부당한 고객을 버릴 수 있는 용기와 자신감이 필요하다. 만약 고객이 한정되어 있다면 그 고객을 버리기는 어렵다. 다양한 고객을 갖추어야 건강한 관계의 고객을 선택할 수 있다. 고객의 수뿐만 아니라 고객의 그룹을 대기업, 중견기업, 소기업, 대규모 사업, 소규모 사업 등으로 다양화하는 것이 필요하다. 이를 '고객 포트폴리오'라고 한다.

예를 들어, 대기업 출신이 그 기업에서 하청받는 모델로 사업을 시작한 경우 특히 중요하다. 빠르게 다양한 고객을 확보하고, 다양한 산업들에 진출해야만 친정기업과도 건강한 파트너십을 형성할 수 있다. 현대자동차 출신이 자동차 부품업을 하거나 삼성전자 출신이 반도체 부품업을 하는 경우, 이들이 고민해야 할 전략의 핵심은 '글로벌 시장 진출을 통해서 공급처를 다양화할 것인가?'이다.

우리 산업은 고객을 다양하게 확보할 수 없다고 항변하는 분들이 있다. 그렇다면 솔루션을 다양화해서 다른 산업에 진출하는 방법이 있다. 이것은 '산업 포트폴리오'라고 한다. 예를 들어, 반도체 공정 기술의 상당 부분은 2차전지 공정에도 적용될 수 있다.

CHAPTER 1.
전문가
영업의
이해

세일즈의 비전

① 영업대표는 기업 성공의 근원
② 영업대표가 최고의 연봉을 받는 이유
③ 영업대표는 AI로 대체되지 않는 직업

세일즈의 전문성

① B2B 세일즈는 B2C 세일즈와 다르다
② B2B 세일즈는 본질적으로 전문가영업이다

관계영업 VS 전문가영업

① 전문가영업이 최고의 성과를 만든다
② 관계 중심의 영업을 하면 안 되는 이유!
③ 관계 중심의 영업이 가능한 분야도 있다
④ 내부의 적을 경계하라

이기는 영업 조직과 영업대표

① 수주영업이 무엇인지 알아야 이긴다
② 성과가 낮은 영업 조직에는 공통점이 있다
③ 건설적인 파괴력을 가진 영웅이 필요하다
④ 신규 영업이 승부처다

1 수주영업이 무엇인지 알아야 이긴다

수주영업이란 무엇일까? 말이 추상적이지만 그 활동을 그룹핑해보면 크게 세가지 핵심기능으로 정의할 수 있다.

① 정보 수집 활동

정보 수집이란, 고객 조직과 경쟁자의 정보를 체계적으로 우리회사의 지적자산(Intellectual Property)으로 이전하여 사내에 축적하는 것을 말한다. 이를 위해서는 정보를 '체계적으로 이전'할 수 있는 방법론이 필요하다.

② 수주전략 개발

수집된 정보에 기반하여 경쟁자를 이기는 방법(전략)을 개발하는 것이다. 그 방법은 고객의 입장에서 경쟁자보다 더 나은 '솔루션'과 '메시지'를 개발하는 것이다.

③ 메시지 전달

전략(솔루션과 메시지)을 개발하면 이를 전달하는 방법은 다양하다. 3가지 주요 방법은 면대면 설득, 제안서, 프레젠테이션이다. 이 각각에는 고유한 전문성이 있으므로, 이 커뮤니케이션 기술이 지속적으로 훈련되고 개선되어야 한다.

● 수주영업의 핵심기능

수주영업의 정의를 이해하는 것은 중요하다. 이 일의 정의와 범주를 정확히 알고 있어야 필요한 역량을 개발하고 확보함으로써 성과를 높이게 되기 때문이다.

2 성과가 낮은 영업 조직에는 공통점이 있다

영업 조직이 성과가 낮다면 분명히 다음과 같은 특징이 있다.

① 자신들을 고객센터로 이해한다.

성과가 낮은 영업대표들은 고객에게 '먼저' 다가가지 않는다. 그들은 시장이나 고객에 대한 건설적인 파괴력이 없다. 기존 고객을 잘 관리하거나 고객이 연락을 해 오면 거기에 응대할 뿐이다. 마치 고객센터처럼 수동적이다.

고객센터 같은 영업 조직의 문제는 무엇인가?

첫째, 기존 고객 중심으로만 세일즈를 하기 때문에 빠른 매출 증가를 기대하기 어렵다.

둘째, 먼저 찾아오는 고객은 대부분 저가 고객이다. 자사의 솔루션이 시장에서 인지도와 가격 경쟁력이 높다면(저렴하다면) 고객센터 전략도 유효하지만, 매우 한시적일 뿐이다. 이런 고객들은 대체로 더 저가의 업체가 생기면 그쪽으로 이동한다.

반면 영업 조직에서 전략적으로 접근하는 경우, 규모가 크거나 의미가 있는 고객부터 접촉하게 되므로 대규모 핵심 고객 중심으로 고객층이 형성된다.

② 저가로 수주한다.

저성과의 영업대표들은 항상 가격 이야기를 한다. 실주하면 자사 솔루션의 낮은 가격 경쟁력(비싼 가격)을 핑계로 삼는다. 그러나 가격으로 승부하려면 더 이상 영업 조직은 필요 없고, 견적팀만 있으면 된다.

"우리 시장은 가격 변수밖에 없다."라는 말은 사실, "우리 회사는 솔루션의 차별화에 실패하고 있다."를 대신하는 변명이다. 솔루션이 차별화되지 않으면 가격 이외에는 방법이 없을 수밖에 없다.

상품과 서비스의 품질이 똑같아도 솔루션의 차별화는 가능하다. 많은 경우에 영업대표의 전문성으로부터 나온다. 고객의 어려운 문제(Pain Point)를 니즈로 정의해주고(Needs Define) 통찰력 있는 방안을 제시하면, 고객은 차별화된 문제 해결을 경험하게 된다.

예를 들어, 고객이 사무자동화도구(예를 들면, CRM)를 사용할 때 만족도는, 시스템 자체뿐만 아니라 함께 제공되는 서비스도 중요한 역할을 한다. 시스템이 경쟁업체와 유사할 경우, 어떻게 사용해야 성과 혁신이 가능한지 방법론과 노하우를 알려주는 교육 프로그램으로 차별화하는 것이 가능하다.

> **저성과의 영업대표들은 항상 가격 이야기를 한다. 실주하면 자사 솔루션의 낮은 가격 경쟁력(비싼 가격)을 핑계로 삼는다. 그러나 가격으로 승부하려면 더 이상 영업 조직은 필요 없고, 견적팀만 있으면 된다.**

> **"우리 시장은 가격 변수밖에 없다."라는 말은 사실, "우리 회사는 솔루션의 차별화에 실패하고 있다."를 대신하는 변명이다.**

③ 영업 정보는 없고, 회의만 있다.

영업부서의 프로세스를 진단할 때 가장 먼저 확인해야 하는 것은 '고객 조직의 정보에 대한 문서'이다. 어떤 형태로든 영업이 체계적으로 되고 있는 조직은 영업 정보가 체계적으로 쌓여 있다.

그러나 훈련되지 않은 영업 조직 / 영업대표들은 말로 때운다. 그들은 잦은 회의를 하지만 회의가 끝나도 정보가 축적되거나 전략이 개발되거나 상황이 개선되는 일은 일어나지 않는다.

전문가로 훈련된 영업 조직에는 반드시 정리된 문서가 있다. 전략이 필요한 수주업에서 정보는 매우 중요하며, 이를 정리하는 도구가 필요하다. 적어도 고객 미팅(Meeting Planer), 고객 조직에 대한 정보 축적(Account Plan), 사업의 정보 축적(Capture Plan)을 위한 도구가 필요하다. 이에 대해서는 뒤에서 상세히 안내하겠다.

④ 구매력이 있는 고객이 아니라 반응이 좋은 고객을 찾아다닌다.

저성과의 영업대표들은 자신을 필요로 하는 곳이 아니라, 반응이 좋은 곳을 찾아 다닌다. 예를 들어, 반응이 좋은 고객은 '일이 없고 한가한 적자 기업'이다. 그들을 찾아가면 잘 들어주지만 안타깝게도 그 기업들에게는 구매력이 없다. 반응과 실제 구매력은 전혀 다르다는 점을 알아야 한다.

반면, 고성과 영업대표들은 고객을 만나기 전후로 본능적인 질문을 한다. 세일즈 가능성을 평가하고 있다는 뜻이다. 니즈가 있을까?, 예산이 있을까?, 내가 만나는 사람이 의사결정자인가? 아니면 최소한 의사결정에 참여하는 실무자인가?, 급할까? 필요하다면 언제일까?

이러한 질문들을 스스로 하지 못하는 경험이 적은 주니어 영업직원들은 반드시 훈련이 필요하다.

이를 IBM에서는 BANT 프레임워크라고 한다. ('IBM 잠재 고객을 검증하기 위한 방법론'에서 인용)

Budget (예산)	이 잠재 고객에게 우리 제품을 구매할 만한 예산이 충분한가?
Authority (의사결정 권한)	이 잠재 고객이 다른 이해관계자의 승인 없이도 구매를 결정할 수 있는 권한이 있는가?
Need (필요)	이 잠재 고객의 필요(needs)는 무엇인가? 우리 제품으로 해결할 수 있는 문제인가?
Timeframe (시기)	지금 도입하는 것이 적절한가?

SALES STORY

B건설 이야기 : 영업대표인 당신이 차별화되어라

필자가 B건설에 교육 프로그램을 세일즈할 때다. B건설은 신공법에 대한 체계적인 학습을 원했지만 건설업계의 어떤 회사도 그런 교육을 운영하고 있지 않았다. 그래서 비용 부담(1주일에 1명, 1,000만 원)을 무릅쓰고 소수 인원의 해외연수에 의존할 수밖에 없었다. 내가 속해 있던 교육회사 역시 그저 강사와 기업을 연결해주는 중개업체에 불과했다. 그런데 나는 신공법과 관련된 문헌을 연구하고, 실력 있는 교수를 쫓아다니면서 '토목 신공법 교육과정'을 만들었다. 그 과정은 다른 교육보다 2배 이상 비싼 과정으로 고객에게 판매되었다.

고객의 첫 번째 효용은 비용절감이다. 1명을 해외 세미나에 보냈던 비용으로 20명의 클래스를 운영했다. 고객은 비용이 1/20로 절감되는 극적인 경험을 한다.

두 번째 효용은 교육 효과이다. 한국인 교수가 한국어로 진행하는 과정은 당연히 훨씬 교육 효과가 좋을 수밖에 없었다.

기억하라. 영업대표인 내가 차별화의 핵심이다. 오늘날 대부분의 컨설팅업, IT 솔루션, 회계 / 법무 서비스는 사람이 차별화의 핵심이다.

3 건설적인 파괴력을 가진 영웅이 필요하다

성과가 낮은 영업 조직의 마지막 특징은 영웅이 없는 것이다. 많은 조직에서 조화로운 사람을 중요시한다. 그러나 영업 조직은 건설적인 파괴력(Constructive Destruction)을 갖춘 사람이 필요하다.

① 조직 내부에 대한 파괴력

– 첫째, 동료들을 깨운다.

영웅은 자신의 성과를 통해서 조직을 구원하기도 하지만, 이 영웅을 통해서 조직 전체가 자극을 받고 동료들의 성과도 혁신된다.

만약 영업대표의 목표가 20억 원인데 5억 원 정도를 수주했다고 하자. 그런데 옆 동료가 6억 원, 그 옆 동료가 4억 원을 했다면, 나는 최선을 다한 사람이고 조화로운 사람이 된다. 그러나 그 중에 30억 원을 수주한 영업대표가 있다면, 변명과 합리화는 설 곳이 없게 된다. 이 영웅은 자신의 성과로 조직을 살릴 뿐 아니라 다른 동료들을 깨우고, 그 결과 조직이 살게 할 것이다. 모든 영업 조직은 이런 '영웅과의 여정'이 필요하다.

- 둘째, 솔루션을 혁신한다.

10억 원 규모의 수주가 익숙한 조직에서 어느 날 100억 원의 수주를 하면, 이 조직은 수행 과정에서 10배의 문제를 잉태하게 된다. 이 문제를 해결하는 과정 속에서 조직은 발전한다. 발전하는 조직은 문제와 갈등 투성이다. 너무나 바쁜 이 조직을 현상적으로 보면, 모두가 이기주의자처럼 자기 일 외에는 안 하려 들고 조직의 문제는 산적해서 어떻게 이 조직이 지속될까 의심된다. 그러나 이것이 살아 있는 조직이다.

② 시장에 대한 파괴력

고객의 문제를 고민하는 영업대표는 문제 해결 과정에서 필연적으로 기존에 없었던 솔루션으로 고객에게 새로운 효용을 제공하게 된다. 이를 통해 내부적으로는 기존에 없었던 성과를 내게 되고, 외부적으로는 새로운 솔루션을 통해 시장과 고객이 새롭게 정의된다. 시장과 고객은 다이내믹하다. 다른 경쟁자 또는 다른 시장에 빼앗길 고객을 새로운 솔루션으로 얻게 된다. 고객은 늘어나고, 시장은 커진다.

③ 영웅은 고객과 일한다.

많은 세일즈 조직에 컨설팅과 코칭을 하면서 놀란 사실은, 대부분의 영업대표들이 내부 업무를 하면서 시간을 소비하고 있으며, 이것에 대한 특별한 문제의식이 없다는 점이었다. 스타 영업대표의 시간은 대부분 고객에 대한 접근, 고객과의 미팅, 제안서 작성 등 수주를 위한 직접적인 활동으로 채워져 있다. 영업대표는 자신의 시간 사용을 점검해볼 필요가 있다. 주 40시간 중에서 고객을 위해 사용하는 시간은 얼마인가?

더 나아가 영웅들의 특징은, 아무리 바빠도 신규 고객 확보를 위한 신규 영업 시간을 양보하지 않는다는 점이다. 초보 영업대표들이 범하는 가장 큰 실수는 몇 개의 조그만 계약에 자신의 시간을 모두 써버리고, 그 계약이 끝나면 또다시 저성과의 나락으로 빠진다는 것이다. 자신의 성과를 상향 돌파하는 기본원리는, 성과가 좋을 때 신규 영업을 지속적으로 하는 것이다.

잊지 말아야 한다. 영웅은 대부분의 시간을 내부 업무가 아니라 고객을 위해 사용한다.

SALES STORY

영웅 이야기 ① 마틴 쿰(Martin Coomb)

필자가 창업했던 컨설팅회사의 아시아 지사는 호주 시드니에 있으며, 거기 마틴 쿰(Martin Coomb)이라는 세일즈 영웅이 있다. 그의 발군의 영업 실력은 필자를 놀라게 했다. 아시아 지사에서 그의 별명은 'Selling Machine'이다. 세일즈를 기계처럼 하고, 성과는 탁월하다는 의미이다.

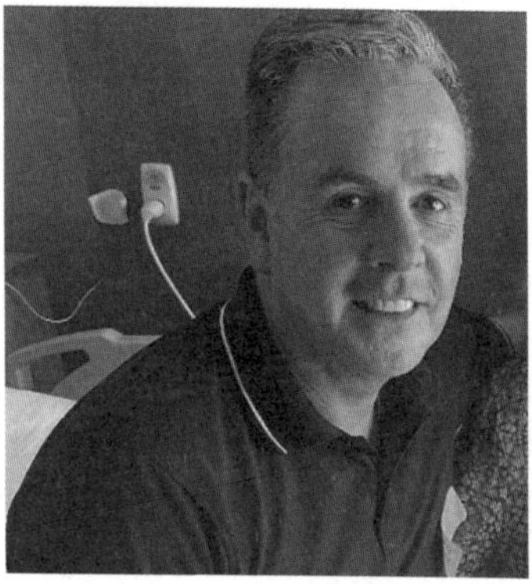

쉬플리 한국지사를 막 설립했을 당시, 나는 어떻게 세일즈를 해야 할지 난감했기에 그를 보러 시드니까지 갔었다. 관찰 결과, 그는 업무시간에 ① 고객 상담 ② 제안서 작성 ③ 콜드콜, 이 3가지에만 집중했다. 너무나 당연하지만 그의 근무시간은 온전히 고객을 위한 시간으로 채워져 있었다. 내부 보고 등으로 시간 낭비가 많은 한국 기업의 영업 조직과 비교했을 때, 한참 반성해야 할 부분이었다.

그가 오고 나서 쉬플리 아시아 지사의 매출은 6개월 만에 3배나 향상되었다. 괄목할 만한 성과를 내는 영업 조직에는 영웅이 있다. 이들은 조직을 건설적으로 파괴시킨다.

SALES STORY

영웅 이야기 ② 배니스터 효과(The Bannister Effect)

인류 최초로 '1마일(약 1.6킬로미터) 4분' 벽을 깬 사람은 영국의 로저 배니스터(Roger Bannister)다. 배니스터는 1954년 1마일을 3분59초4에 주파했다. 당시 육상계에서는 "인간은 1마일을 4분 안에 뛸 수 없고, 설령 성공하더라도 심장이 터질 것"이라는 말이 통용되고 있었다. 하지만 옥스퍼드 의대를 졸업한 수련의 신분이었던 배니스터는 1/4마일을 1분 내에 달리는 연습부터 했다. 이런 페이스로 꾸준히 거리를 늘려간 그는 결국 1마일을 4분 안에 뛰었다.

배니스터의 기록 경신 이후, 4분의 벽을 깬 선수가 한 달 만에 10명, 1년 후엔 37명, 2년 후엔 무려 300명이나 나왔다. 모두 불가능할 것이라고 여기고 도전조차 하지 않았던 선수들이 배니스터의 성공을 보고 자극을 받아 노력한 결과였다. 생각이 바뀌면 결과도 달라지는 이 현상에 대해 스포츠 학자들은 '배니스터 효과(The Bannister Effect)'라는 이름을 붙였다.

영업 조직 내에도 이런 일들은 일어난

다. 한 명의 영웅이 탄생하면 제2, 제3의 영웅이 쉽게 나온다. 한 달에 1억 원도 하기 힘들어하던 평범한 직원이 선배나 동료가 10억, 20억 원을 돌파하게 되면 5억, 6억 원을 쉽게 하는 경험을 수도 없이 많이 봐 왔다.

영업 조직에는 영웅이 필요하다.

4 신규 영업이 승부처다

세상에 존재하는 영업대표는 둘로 나눌 수 있다. 영업을 잘하는 사람과 영업을 못하는 사람. 그 기준은 매우 명확하다.

신규 영업을 할 줄 알면 영업을 잘하는 사람이고, 신규 영업을 할 줄 모르면 영업을 못하는 사람이다. 대부분의 영업에서 이 기준은 적용된다. 신규 영업을 못하면 파괴력이 없고 조직을 하향 평준화시킨다. 본인의 성과가 저조할 뿐만 아니라 조직 전체를 무기력하게 만든다.

영업 조직은 직원들에게 신규 영업을 학습하도록 하고, 그래도 못하는 직원은 영업을 그만하게 해야 한다. 그들을 방치했을 경우 저성과로 이어지고, 결과적으로 좋은 대우를 해주기 어렵기 때문이다. 이는 개인과 조직 모두에게 시간 낭비이며, 서로 후회하게 될 가능성이 크다.

신규 영업을 할 줄 아는 사람들은, 기존 고객 관리만으로는 조직의 목표를 충족시킬 수 없다는 사실과 혁신적인 성과 향상은 신규 영업에 있음을 정확히 안다. 이런 인식은 매우 중요하다. 왜냐하면 신규 영업은 기존 고객 관리에 비해 효율성도 떨어지고 리스크도 크기 때문에, 중요성을 정확히 인식해야만 포기하지 않고 꾸준하게 집중할 수 있다.

신규 영업에 집중한다는 의미는 콜드콜, 신규 미팅, 신규 제안에 집중한다는 말이다.

SALES STORY

구성원이 신규 영업을 못한다면, 리더는?

1) 영업대표의 의지와 관심을 확인하라.

신규 영업은 상당히 전문적인 훈련과 함께 자신의 의지가 매우 중요하다. 따라서 리더는 영업대표에게 신규 영업이 필요한 포지션에서 일하고 싶은지 반드시 확인해야 한다. 특별한 의지와 역량을 갖추었거나 갖출 준비가 되어 있지 않다면 억지로 시켜서 될 일은 아니다. 영업 지원부서나 영업 이외의 조직에 발령하는 것도 고려하자.

2) 훈련시켜라.

신규 영업은 특별한 역량이 필요하다. 잠재 고객을 발굴할 수 있는 콜드콜과 미팅 역량이 필요하며, 제안서와 프레젠테이션 능력도 매우 필요하다. 이 역량을 갖추기 위해서 사내외 교육 프로그램을 검토하여 개인별 역량개발 계획(IDP, Individual Development Plan)을 세우자. 이때도 역시 계획 수립의 주체는 영업대표 스스로가 되어야 한다.

3) 목표와 기회를 주고 코칭하라.

신규 영업을 위해서 우선은 신규 영업의 목표에 합의해야 한다. 하지만 그보다 더 중요한 것은 행동의 변화를 위한 지표(콜드콜, 미팅, 제안 횟수)에 합의하는 것이다. 성과를 만들어내는 것은 생각의 전환이 아니라 행동의 전환이기 때문이다. 즉 행동이 바뀌어야 성과가 바뀐다.
또한 코칭 시에도, 목표 중심보다 행동지표 중심으로 가이드와 도움을 주어야 성과 개선이 가능하다. (Chapter 4.의 '코치 역할' 부분 참고)

4) 그래도 못하면 결별하라.
필자가 위에서 말한 것들을 모두 해봐도 안될 때가 있다. 그것이 사람의 일이다. 이럴 때는 용기를 내어 영업대표에게 다른 직무나 다른 회사를 적극적으로 권면하자.

필자는 처음 리더십 훈련 회사를 만들었을 때, 영업대표에게 5년 가까이 신규 영업의 기회를 주었던 경험이 있다. 돌이켜보면 그 후배와 빨리 헤어지지 못했던 것을 후회한다. 5년이라는 기간은 그 후배가 무능력을 학습하는 기회가 되어버렸다. 회사는 그에게 급여를 많이 줄 수도 없었고, 그런 회사에 그가 만족할 리도 없었다.
아니다 싶으면 빨리빨리 결별하라.

B2B
SALES

CHAPTER 2.
전문가영업의 성공 원리

고객의 이해

① 고객은 개인이 아니라 집단이다

세일즈 프로세스

① 프로세스 표준화
② 고객의 구매 단계와 일치하는 프로세스
③ 단계별 의사결정(Milestone)

사업 참여

① 입찰 참여 결정(Bid / No Bid Decision)
② 입찰 참여 결정 단계
③ 입찰 참여 결정 기준
④ 입찰 참여 결정 도구

사전영업

① 빨리 개입할수록 수주가능성이 높아진다
② 비공식적인 이슈까지 다루어야 수주가능성이 높아진다

정보 수집

① 수주계획서(Capture Plan)는 왜 필요한가?
② 수주계획서는 어떻게 영업활동에 활용되는가?
③ 수주계획서는 어떻게 작성하는가?

1 고객은 개인이 아니라 집단이다

B2B 세일즈 / 대형 세일즈 / 전문 세일즈에서 중요한 것은 고객에 대한 이해이다. 대체로 고객은 개인이 아니라 집단이다. 집단으로 의사결정을 한다는 뜻이다.

실질적인 의사결정의 형태는 다양한데, 이에 따른 접근이 필요하다. 막연히 사장 또는 임원의 힘을 믿고 그쪽을 공략하거나, 실무자가 만만하니까 그쪽만 접촉하는 것은 잘못된 방식이다.

① 공식적 평가위원회를 갖추어 의사결정을 하는 경우

공공기관이나 공기업 등의 조직은 공식적 구매 절차를 통해서 투명성을 확보하려는 경우가 많다. 대기업의 대형 프로젝트도 유사한 프로세스를 따른다. 공공조직의 경우, 관련 법규를 따라야 하는 이유 때문이기도 하다.

하지만 근원적인 취지는 사업의 규모가 클수록 투명성, 즉 공정한 기회와 절차를 확보하는 것이 중요하기 때문이다. 사업의 규모가 클수록 평가위원회를 통한 구매는 고객 입장에서는 많은 이점을 갖게 된다.

- 전문가를 활용하여 좋은 솔루션을 구매하게 된다.

- 가격 경쟁을 공식화하여 합리적인 가격에 구매하게 된다.
- 구매 조직의 공정성과 투명성을 대외적으로 확보한다.

이러한 경우 전략적 제안이 매우 중요하다. 왜냐하면 평가위원회는 집단적 의사결정을 하기 때문에 개인의 선호도나 불법적인 로비에서 상대적으로 자유롭다. 평가가 객관화될 가능성이 많다는 뜻이다. 객관적인 평가에서 경쟁자에게 이기는 방법은 전략이다. 반대로 경쟁의 공정성이 떨어질수록 전략은 소용없어진다.

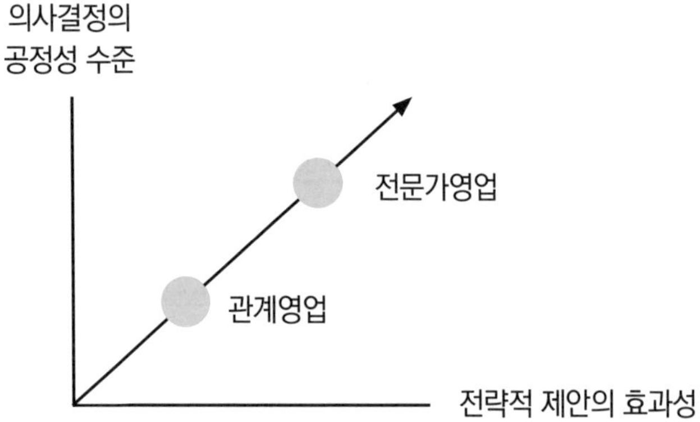

● 의사결정의 공정성과 전략의 효과성

평가의 공정성이 높아야 전략적 제안이 가능하다. 공정성이 낮아지면 전문가영업을 통한 전략보다는 관계영업이 더 효과적일 수 있다.

> **B2B 세일즈에 있어서 고객은 개인이 아니라 집단이다. 실질적인 의사결정의 형태는 다양한데, 이에 따른 접근이 필요하다. 막연히 사장이나 임원의 힘을 믿고 그쪽을 공략하거나, 실무자가 만만하니까 그쪽만 접촉하는 것은 잘못된 방식이다.**

② 실무자 또는 전문가가 의사결정을 하는 경우

권한이 위임된 기업, 빠르게 의사결정을 하는 스타트업의 경우, 과거에 비해서 전반적으로 실무자의 의사결정력이 커지고 있다. 또한 프로젝트의 전문성과 난이도가 높을수록 전문가인 실무자의 영향력이 커지는 경향이 있다.

이때는 포지션이 높은 사람보다 전문가(실무자)를 대상으로 영업하는 것이 효과적이다. 특히 공식적으로는 의사결정을 개인이 하는 유형(중소기업의 오너)으로 보이는 경우에도, 실제로는 영향력을 행사하는 내부 전문가들이 있는 경우가 많다. 이를 영향자(Influencer)라고 하는데, 이들에게도 꾸준히 영업을 해야 한다. 예를 들어, 특정 IT 기반의 업무 자동화도구 같은 전문적인 내용에 대해서는, CEO가 빠르고 정확하게 의사결정할 수 없다. 내부적인 IT 이슈와 솔루션의 트렌드를 모두 이해하고 있어야 하기 때문이다.

③ 실제로는 개인이 의사결정을 하는 경우

의사결정력이 사장에게 집중된 위계적인 사기업의 경우, 실제로는 리더 개인의 의견에 의해서 구매가 결정된다. 이런 조직에는 합리적 솔루션과 세일즈의 효과가 떨어진다. 다행히도 이런 방식은 상당히 빠른 속도로 소멸되어 가는 추세이다. 그 이유는 윤리적, 법적 이슈보다는 효과 이슈 때문이다.

필자는 종합병원에 푸드코트 운영권 수주를 위한 컨설팅을 했었다. 이 병원은 공식적인 평가위원회를 구성했지만, 산업의 특성상 실질적으로는 병원장의 의견이 절대적이었고 평가위원회는 다분히 형식적이었다. 이런 경우는 실제 의사결정을 하는 개인을 설득하는 것이 영업의 핵심일 것이다.

④ 내정된 공급업체가 있는 경우

한국의 대기업 구조에서 같은 계열사가 공급업체로 이미 정해진 경우가 많다. 계열사 간의 거래는 기업 고유의 경쟁력을 잃게 만든다는 근원적인 문제가 있다. 대기업에서 계열사 고객을 Captive Market이라고 부른다. 잡아 놓은 물고기라는 뜻이다. 그룹사 고객의 매출은 경쟁이 제한되고 대체로 정상가격을 받을 수 있으므로, 마진이 좋고 리스크가 적다.

사실 대기업들은 그룹사 밀어주기 매출에 대해서 정부 눈치를 많이 본다. 정부가 엄격한 잣대를 적용할 때는 대외사업을 열심히 하지만, 감시가 소홀해지면 계열사 중심의 매출 늘리기에 골몰하는 경우도 있다.

이럴 경우에 주의할 점은, 같은 계열사가 아닐 경우 수주가 아예 불가능할 것이라는 가설과 편견으로 의사결정을 해서는 안 된다는 점이다. 우선 고객 기업의 구매 원칙과 히스토리를 살펴보고, 영업 여부를 결정해야 한다. 회사마다 차이가 있어서 효율성을 추구하는 기업은 계열사라도 품질이 떨어지거나 가격이 높으면 제3의 업체에서 구매하는 일이 종종 발생하기 때문이다.

SALES STORY

집단적 의사결정을 이해하고, 그물망 영업을 하라

의사결정자뿐만 아니라 의사결정에 참여하는 사람들을 모두 우호적으로 만드는 것이 수주영업의 핵심이다. 의사결정에 참여하는 모든 사람들을 영향자(Influencer)라고 부른다.

예산을 다루는 재무담당 임원(CFO), 기술 검증에 참여하는 기술담당 임원(CTO), 솔루션의 효용을 직접 확인하는 현장의 관리자나 실무자(Users)를 대상으로 영업해야 한다. 이를 '직무별 영업'이라고 한다.

또한 계층별로도 설득해야 한다. 담당 최고임원부터 팀의 관리자와 실무자까지는 모두 언제든지 거부권(Veto Power)을 갖고 있기 때문이다. 이를 '레벨 영업'이라고 한다.

이런 수주영업의 본질에 대한 이해가 있으면 고객 조직의 다양한 기능, 다양한 계층에 대해서 끝까지 설득을 하게 된다.

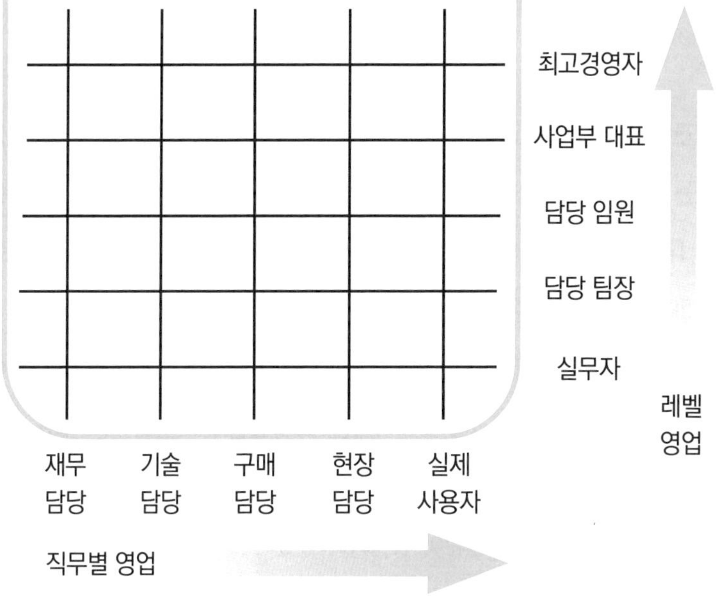

최고경영자
사업부 대표
담당 임원
담당 팀장
실무자
레벨
영업
재무 담당
기술 담당
구매 담당
현장 담당
실제 사용자
직무별 영업

SALES STORY

사례A : 실무자가 의사결정을 하는 경우

최근에 필자가 영업 조직 컨설팅을 하면서 느낀 점은, 합리적인 의사결정을 하는 조직이 점점 늘어나고 있다는 것이다. 또한 많은 스타트업에서도 기존의 대기업과는 다른 방식으로 의사결정을 한다는 점이다. 점점 실무자 또는 전문가 중심의 의사결정이 늘고 있다.

필자가 컨설팅한 스타트업 K기업도 의사결정이 철저히 실무자 중심이다. 이 회사는 규모가 커져 대기업에 속하지만, 스타트업으로 시작했을 때의 문화가 남아 있었다. 대규모의 프로젝트도 예산만 결정되면 실무자 차원에서 업체를 결정할 수 있도록 권한이 위임되어 있었다. 또 A대기업 연수원은 전통적으로 퇴직 예정인 임원이 마지막으로 연수원장을 맡는다. 당연히 HRD 이슈나 전략, 미래 방향에 대해서 전문성이 없는 분이다. 하지만 팀장이나 차·부장급 중에는 국내외 석·박사 출신의 전문가들이 많다.

이런 경우, 교육업체나 교육 프로그램 선정의 의사결정은 단순히 직위가 높은 연수원장보다는 해당 프로젝트에 전문성이 높은 실무자가 한다. 전문가인 중간리더(팀장급)는 스스로 의사결정을 하려는 경향성이 크고, 전문성이 부족한 상위리더(연수원장)는 위임하려는 경향성이 크기 때문이다.

SALES STORY

사례B : 다윗이 골리앗을 이기다

대형 방산기업에 수주 컨설팅을 했을 때의 경험이다.

필자의 컨설팅 대상인 A기업은, 기업 규모와 시장 포지션에서 경쟁사B 대비 열세였다. 그 단적인 예는 고객인 군 조직에서 스카우트된 인력의 차이었다. 경쟁사인 B사는 여러 명의 장군급 예비역을 보유한 데 반해, A사는 영관급(소령 ~ 대령) 1 ~ 2명에 불과했다. (군 사업의 특성상 고객인 군 관계자를 채용하는 일은 세계 어디에서나 흔하며, 불법이 아니다.)

인력이 그렇다 보니 A사는 고객 조직(방위사업청, 국방과학연구원)의 '영관급 실무진'을 만나서 영업을 할 수밖에 없었다. 아마도 그 시간에 경쟁사는 고객 조직의 '장군급 리더'들을 만나서 영업 활동을 열심히 했으리라 짐작된다. 결과는 A사의 승리였다. 왜냐하면 A사는 실무진을 대상으로 전문적이고 기술적인 이슈를 토의하고 설득하는 시간을 많이 가졌기 때문이다.

일반인들의 편견과는 다르게 한국의 군사업은 공정성이 중요해서 장군급을 설득해서 영향력을 행사하기는 어렵다. 막연히 높은 사람을 만나서 설득하면 영업이 잘될 것이라고 생각하는 편견을 깨는 좋은 사례이다.

고객의 이해

① 고객은 개인이 아니라 집단이다

세일즈 프로세스

① 프로세스 표준화
② 고객의 구매 단계와 일치하는 프로세스
③ 단계별 의사결정(Milestone)

사업 참여

① 입찰 참여 결정(Bid / No Bid Decision)
② 입찰 참여 결정 단계
③ 입찰 참여 결정 기준
④ 입찰 참여 결정 도구

사전영업

① 빨리 개입할수록 수주가능성이 높아진다
② 비공식적인 이슈까지 다루어야 수주가능성이 높아진다

정보 수집

① 수주계획서(Capture Plan)는 왜 필요한가?
② 수주계획서는 어떻게 영업활동에 활용되는가?
③ 수주계획서는 어떻게 작성하는가?

1 프로세스 표준화

- "팔려고 할수록 안 팔린다."
- "세일즈 강박증이 세일즈의 가장 큰 적이다."

영업담당자들을 만날 때마다 필자가 가장 하고 싶은 말이다.

왜 그런가? '팔아야 된다'는 결과 중심의 사고 때문이다. 그러나 팔리는 결과는 내가 할 수 있는 일이 아니다. 파는 과정만이 내가 할 수 있는 일이다. '과정을 하나씩 수행해야지.'라고 생각하면 가벼워진다.

그리고 세일즈의 결과인 매출은 시간이 흐르면서 따라온다. 따라서 세일즈 과정을 이해하고, 이 과정이 프로세스로 표준화되는 것이 중요하다.

B2B 세일즈는 본질적으로 '고객의 구매'를 컨설팅 및 코칭해주는 행위이다. 따라서 고객의 구매 과정을 잘 이해하고, 이에 대응하는 세일즈 조직의 합리적인 프로세스가 있으면 큰 부담 없이 고객을 효과적으로 도울 수 있다. 고객을 도와주다 보면 매출은 자연스럽게 일어나는 것이다.

> **팔려고 할수록 안 팔린다. 왜 그런가? '팔아야 된다'는 결과 중심의 사고 때문이다. 그러나 팔리는 결과는 내가 할 수 있는 일이 아니다. 파는 과정만이 내가 할 수 있는 일이다.**

① 프로세스가 표준화되었다는 말은 무슨 뜻인가?

프로세스의 단계가 말로 정의(Define)되어 있어야 하고, 정의된 단계마다 사용하는 방법론(Tool)이 결정되어야 하고, 이 도구를 관련자들이 사용할 수 있는 능력(Capability)이 있어야 함을 의미한다.

개인을 상대하는 소규모 영업을 할 때는 딱히 프로세스가 필요 없다. 그러나 대형 사업일수록, 솔루션이 복잡할수록 회사 내부에 표준화된 영업 프로세스가 중요해진다. 그럼에도 표준화된 프로세스가 잘 갖춰진 기업은 드물다. 조직 내에 표준화된 프로세스가 작동되어 성과로 연결되는 것은 결코 쉬운 일이 아니기 때문이다.

② 프로세스가 표준화되어야 하는 이유는 무엇인가?

첫째, 사업의 규모가 커지면 B2B 영업은 세일즈보다는 비즈니스 개발에 가까워지기 때문이다.(Chapter 1. '세일즈와 B/D' 참조) 비즈니스 개발은 영업 조직뿐만 아니라 전사 조직이 협력해서 일을 해야 한다.

IT본부 등의 타 부서, 연구소, 공장 등과 솔루션을 개발하고 원가 등을 합의해야 한다. 따라서 내부에 표준화된 프로세스는 세일즈의 효율성 관점에서 매우 중요하다.

둘째, 프로세스가 표준화되어야 관련자들이 숙지하고 훈련하고 활용하는 것이 가능하기 때문이다. 실무자뿐만 아니라 리더십까지 전사적으로 프로세스를 이해해야 하는데, 표준화되지 않는다면 불가능하다.

필자가 경험한 해외의 여러 글로벌 기업들은 수십 년 전부터 '수주영업 프로세스'와 '제안 프로세스'를 실무자뿐만 아니라 팀장급이나 임원, CEO까지 훈련하여 활용하고 있다.

③ 표준화된 프로세스의 특징은 다음과 같다.

- 단일한 프로세스(Single Process)

단일한 프로세스라 함은, 전사적으로 하나의 정해진 프로세스가 있어야 한다는 말이다. 기업은 사업부마다 프로세스를 가지고 있는데, 이 프로세스 간에 일이 상충될 때가 있다.

예를 들어, 내부 구매 프로세스의 문제로 부품 납품을 못 받아서 고객에게 제때에 상품을 공급할 수 없다든지, 내부에서 예산 배정이 안 되어서 사전영업을 못하거나 제안 작업을 제때에 못하는 등의 경험들을 하고 있다.

전사적으로 단일한 프로세스는 내부 조직의 협업을 원활하게 함으로써, 부서 간 조정에 쓰이는 에너지를 최소화하고 세일즈를 활동을 효율적으로 만든다.

- 유연한 프로세스(Flexible Process)

표준화되어 있지만 사업의 규모나 성격, 시장, 고객의 요구사항 등에 맞추어 단계가 생략되거나 유연하게 변경될 수 있다.

- 충분한 규모의 프로세스(Scalable Process)

충분히 큰 규모의 기회, 제안 기간, 자원 투입에 활용할 수 있는 프로세스는 작은 규모의 사업에도 일부 단계를 생략하거나 줄여서 적용할 수 있다. 필자의 경험으로도, 큰 사업에 프로세스를 적용한 경험을 가진 영업대표들은 작은 사업에도 잘 적응한다.

- 일치하는 프로세스(Aligned Process)

고객의 구매 단계와 일치하는 판매 프로세스이다. 고객은 단계마다 다른 니즈를 가지고 있으므로, 이를 적절히 다룰 수 있어야 한다.

2 고객의 구매 단계와 일치하는 프로세스

B2B 세일즈의 본질은 고객이 최상의 구매를 할 수 있도록 컨설팅과 코칭을 함으로써 고객의 성공을 돕는 것이다. 따라서 고객의 구매 단계와 일치하는 프로세스가 중요하다.

B2B 세일즈가 B2C 세일즈와 가장 다른 점은, 고객이 '예산에 따른 계획 구매'를 한다는 점이다. 따라서 예산에 없는 급작스러운 구매 유도는 상당히 곤란하며, 고객의 구매 과정을 이해하고 접근할 필요가 있다.

고객은 구매 단계별로 다른 니즈를 갖는다. 가장 효과적인 세일즈는 구매 시 각 단계별로 고객이 갖게 되는 어려움(장애요인)을 함께 해결해주는 것이다.

> **"B2B 세일즈는 본질적으로 '고객의 구매'를 컨설팅 및 코칭해주는 행위이다. 고객을 도와주면 그 결과가 매출이 되는 것이 B2B 세일즈이다."**

고객의 구매 단계는 다음과 같다.

① 0단계 : 기존 솔루션 사용

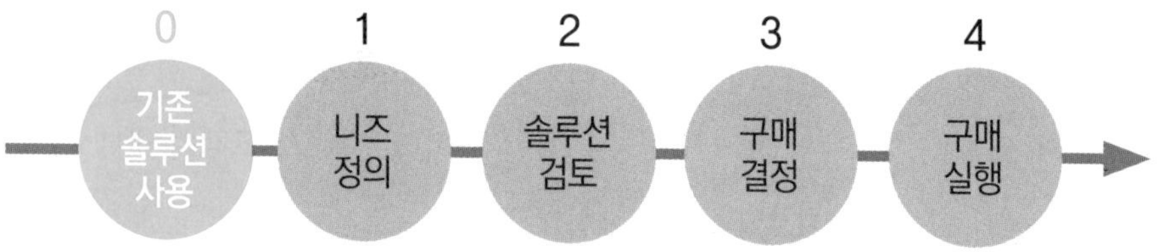

고객은 기존의 솔루션을 사용하면서 편한 점과 불편한 점을 파악하고, 향후에 어떤 점이 개선되어야 할지를 암묵적으로 이해하게 된다. 이때는 고객을 정기적 / 의도적으로 관리(Account Management)함으로써 우리의 솔루션이 가장 우수하다는 점을 고객의 머릿속에 인식시키는 단계이다. 고객의 인식은 시장에서 포지셔닝이 된다.

② 1단계 : 니즈 정의(Needs Define)

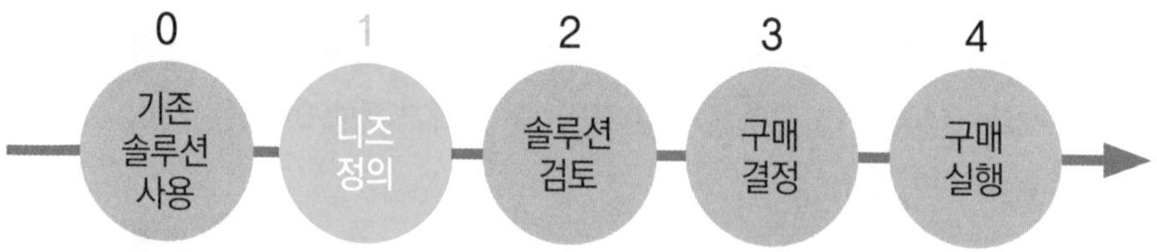

시간이 흐르면 어느 순간부터 고객은 기존에 사용하고 있는 솔루션/

상품에 불편함을 느끼게 된다. 그러나 그 불편함이 무엇인지 정확히 정의하지 못한다. 말 그대로 불편함(Pain Point)이다. 이 불편함을 정확히 구체적으로 정의하는 것을 '니즈 정의'라 한다.

예를 들어, '배가 아프다'는, 고객의 니즈가 아니라 불편함이다. 검사를 통해서 그것은 '위염'이라고 진단하는 것이 니즈 정의이다. 이때 중요한 포인트는 환자가 아닌 전문가인 의사가 진단할 수 있다는 점이다. 마찬가지로 고객의 문제는 그 분야의 전문가(산업 전문가 또는 솔루션 전문가)인 영업대표가 정의할 수 있다. 이것이 전문가영업이 중요한 가장 큰 이유, 즉 영업대표가 탁월한 전문가가 되어야 하는 이유이다.

고객의 니즈를 전문가인 영업대표가 정의하게 되면, 고객에 대한 영향력과 고객의 의존도는 급격하게 높아진다. '갑'과 '을'이 바뀌는 결정적 순간이다. 의사에게 치료를 받아서 병이 해결되기 전까지 환자는 의사에게 의지할 수밖에 없는 것과 같은 이치이다.

세일즈를 위한 결정적인 기회가 이때인데, 고객의 니즈를 파악하는 가장 효과적인 방법은 고객의 불편함을 듣고 니즈를 '함께' 정의하는 것이다. 이 단계에서 세일즈 조직은 사업 참여 여부를 결정하기 위한 정보 수집 활동을 할 것인지 여부를 결정한다. 정보 수집 의사결정(Pursuit Decision)이 완료되면 본격적인 영업 활동(Capture Planning)을 하게 된다.

③ 2단계 : 솔루션 검토(Solution Review)

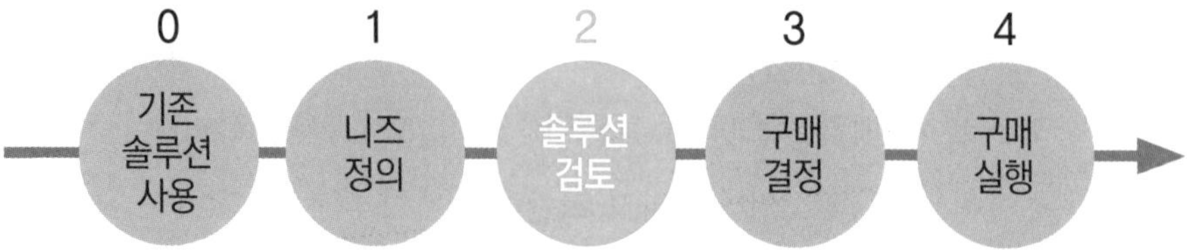

고객은 병을 알았어도 치료법을 모른다. 약이 필요한지, 운동이 필요한지, 수술이 필요한지 의사의 판단과 영향력은 여전히 중요하다. 고객은 어떤 솔루션이 있는지 알아보기 위해서 RFI(Request for Information, 공급업체에게 보내는 사전 정보요청서. 고객이 공급자와 솔루션의 정보를 파악하고 비교하는 목적)를 발행하기도 한다.

첫 번째 단계와 마찬가지로 산업과 솔루션에 전문성이 높을수록 영업대표의 영향력은 커진다. 이 단계에서 중요한 것은 객관적이고 전문적인 구매 기준을 고객과 함께 만들어 가는 것이다. 물론 그 구매 기준에 자사의 솔루션이 부합해야 한다. 혹은 나의 솔루션에 부합하는 구매 기준을 제시해야 한다.

만약 우리의 전문성에 기반한 구매 기준 작업에 실패하면, 고객은 가격 중심의 구매 기준을 설정할 것이다. 이것은 자사의 세일즈 실패와 고객의 구매 리스크로 연결된다. 따라서 이때는 가격 이외에 구매의 중요한 기준을 고객이 잘 이해할 수 있도록 코칭과 지원 활동을 해야 한다.

무엇보다도 이번 단계는 우리 솔루션의 우수성과 차별점을 집중적으로 알리는 단계(수주영업 단계)로서 적극적으로 고객에게 메시지를 전달해야 한다. 내부적으로는 지금까지 수집한 정보에 기반해서 입찰 참여 결정(Bid / no Bid Decision)을 한다. 입찰에 참여하기로 한 경우에는, 제안서 작성(Proposal Planning)을 시작하는 단계이다.

④ 3단계 : 구매 결정(Supplier Selection)

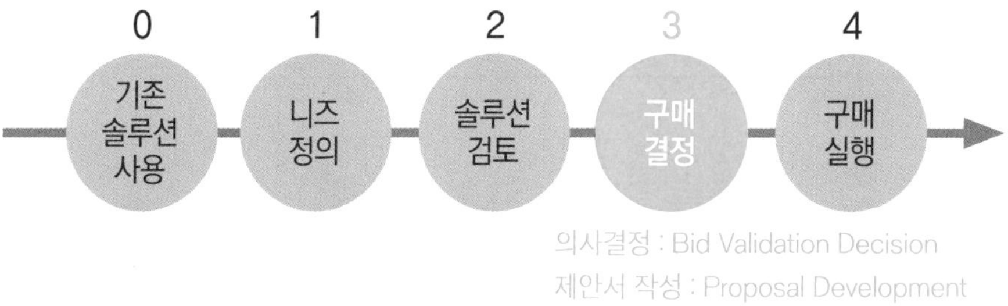

구매 결정은 '입찰(Bidding)'과 '수의계약(Handshake Deal)'으로 나뉜다. 사업의 규모가 클수록, 사업의 공정성이 중요할수록 입찰로 진행될 가능성이 커진다. 따라서 공공기관과 대기업의 사업은 대부분 입찰로 진행될 수밖에 없다.

사업이 입찰로 진행되면 고객은 RFP를 발행하고 경쟁 구도가 형성된다. 이때 첫 번째 '니즈 정의 단계'와 두 번째 '솔루션 검토 단계'에서 전문가영업을 잘해 온 공급업체는 결정적으로 유리한 포지션에 놓이게 된다. 고객에게 알려준 영업대표의 전문가적 관점이 제안요청서

(RFP)에 담기게 될 가능성이 크고, 이 경우 그 공급업체가 가장 잘 대응하게 된다.

이 단계의 마일스톤은 '입찰 참여 최종 결정(Bid Validation Decision)'으로 최종적으로 입찰 참여의 타당성을 점검하는 것이다. 이 단계에서라도 예상치 못한 변수(고객의 무리한 솔루션 요청, 너무 낮은 가격, 너무 공격적인 경쟁자)가 있을 경우 의사결정을 다시 해야 하고, 통제 안 되는 변수가 있다면 입찰 참여 포기(No Bid!)를 할 수 있어야 한다.

⑤ 4단계 : 구매 실행(Order placement and Contracting)

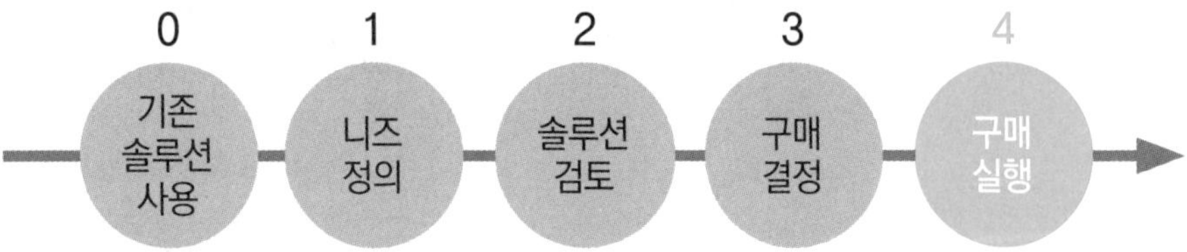

고객의 마지막 구매 단계는 우선협상대상자(Bidding Winner)가 결정되어, 이 공급업체와 최종 협상을 하고 계약서에 서명하는 일이다. 계약서에는 작업 범위, 일정, 가격, 지원 수준, 그리고 기타 중요한 조건들이 빠짐없이 포함되어야 한다.

많은 세일즈 조직들은 이 협상을 고객이 본인들에게 유리하도록 가격과 조건을 조정하는 과정으로만 생각하고, 방어적이고 소극적으로 임한다. 하지만 공급 조직도 기술적 전문성을 발휘하여, 가치가 높고 원가가 낮은 솔루션을 효과적으로 제공할 수 있도록 적극적으로 협상할 필요가 있다. 왜냐하면 이때부터는 사업의 성공을 위해서 고객과 공급업체는 한 배를 탄 공동운명체라는 점을 고객도 잘 알고 있기 때문이다.

고객의 구매 프로세스는 입체감 있게 이해하는 것이 매우 중요하다. 3, 4 단계에서도 고객은 전문가인 영업대표의 도움이 계속 필요하겠지만, 결정적인 기회는 첫 번째 니즈 정의와 두 번째 솔루션 검토 단계이다. 따라서 중요한 세일즈에서 꼭 수주하기 위해 명심해야 할 사항은 고객의 구매 프로세스에 조기 개입하는 것이다.

- 적어도 RFP 이전에 사전영업을 시작해야 하고,
- 가급적 경쟁자보다 먼저 시작해야 하며,
- 꼭 수주하고 싶은 사업은 조기에 개입해 솔루션을 개발하기 위한 충분한 시간과 자원을 투자하자.

> **“중요한 세일즈에서 꼭 수주하기 위해 명심해야 할 사항은 고객의 구매 프로세스에 조기 개입하는 것이다.”**

고객 구매 단계

0	1	2	3	4
기존 솔루션 사용	니즈 정의	솔루션 검토	구매 결정	구매 실행

주요 시점: 요구 파악 – 니즈 정의 – RFI 발행 – RFP 발행 – 제안 접수 – 낙찰

세일즈 단계

주요 시점: 기회 확인 → 수주영업 의사결정 → 입찰 참여 의사결정 → 입찰 참여 타당성 검증 → 입찰 제출 →

포지셔닝	기회 분석	수주영업	제안 계획	제안서 개발	사후 관리
마케팅 활동을 위한 자료 수집 세일즈 계획 수립 기회 및 고객 발굴을 위한 기준 설정 마케팅 및 캠페인 실행 특정 기획의 수익 적정성 의사결정을 위한 자료 준비 수익 적절성 의사결정	고객 및 기회에 대한 정보 수집 산업 관련 미팅 참여 & 동향 파악 고객과 협력하여 초기 포지셔닝 고객의 초기 요구 조건 이해	수주영업팀 구성 수주계획서 초안 작성 수주계획서 승인 수주계획서 실행 잠재 고객사 문제 분석, 비전, 요구 사항 조사 가치 제안 준비 팀워크 진단 및 팀빌딩 수주계획서 업데이트 Executive Summary 초안 구성 입찰 참여 의사결정	제안팀 확정 및 배치 기초 솔루션 및 입찰 가격 설정 수주전략을 제안 전략으로 확대 제안 계획 (Proposal Plan) Writer's Package 준비 Executive Summary 초안 작성 킥오프 미팅 준비	킥오프 미팅 개최 충실도 체크리스트 예산기획 착수 Executive Summary 업데이트 스토리보드 리뷰 디자인 및 견본 확정 문구 초안 작업 및 수정 업무 기술서와 비용 일치성 검토 제안서 초안 리뷰 리뷰팀의 피드백 반영 세부편집 완성 최종 결재 획득 제안서 완성	자료 보관 마감 전략 업데이트 질의에 대한 응답 제안 프레젠테이션 제안서 업데이트 & 최종 제출 계약 협상 수주통지 접수 설명회 참석 시사점 문서화
핵심 문서 사업전략 기획 연간사업 기획 예산 기획	사전영업 참여 결정	기회 창출 계획 세일즈 PT 입찰 참여 결정	제안 계획 Writer's Package Executive Summary 초안	스토리보드 제안서 비즈니스 사례 제안서 초안 리뷰 (Red Team Review)	마감기획 구두 PT 최종 오퍼 Lesson Learned

● 수주영업 프로세스

수주영업 프로세스는 고객의 구매 단계와 일치해야 한다.

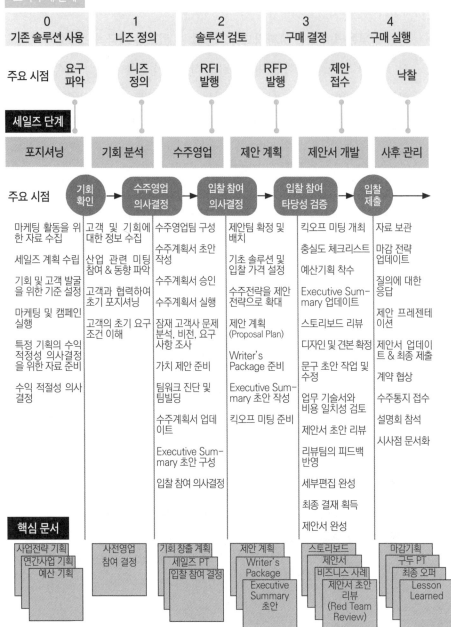

SALES STORY

수주가능성을 높이려면 조기 개입이 중요하다

수주가능성을 높이려면 RFP가 발행되기 전인,

- 포지셔닝 단계(Positioning)
- 수주영업 단계(Capture Planning)에 참여해야 한다.

고객은 각 단계별로 전문가의 전문성을 필요로 한다. 특히 고객의 '니즈 정의' 단계와 '솔루션 검토' 단계에서 고객과 공동작업을 하는 것은 자사 솔루션의 설득력을 높이는 데 결정적일 수밖에 없다.

고객의 니즈 정의 단계에 참여함으로써, 고객의 니즈를 가장 정확히 이해하는 입찰 참여자가 된다. 특히 고객의 비공식적인 니즈(Unstated Requirement)까지 이해하게 되어 차별화된 정보를 취득하게 된다.

RFP 이후에는 고객이 공식적(Formal)이고 공정한(Fair) 태도를 취하기 때문에 차별화된 정보를 얻기가 상대적으로 더 어렵다. 따라서 RFP 이전에 전문가로 포지셔닝된 영업대표의 영향력은 차별적이다.

사전영업에 대한 더 자세한 부분은 Chapter 2.의 뒷부분에서 다시 다룬다.

단계별 의사결정(Milestone) 3

수주 프로세스에서 각 단계마다 투입하는 정보(Input)는 이전 단계의 결과물(Output)이다. 이 단계별 의사결정을 통해 성공 확률을 높일 수 있다.

단계별 의사결정의 핵심은, 그 단계에서 개발된 전략, 즉 그 단계에서 개발된 솔루션과 메시지로 이번 사업을 수주할 수 있는가를 판단하는 것이다.

만약 이번 사업의 경쟁자가 강력하거나, 내부적으로 수주를 위한 준비가 덜 되어 있거나, 경쟁자를 이기기 위해서 너무 많은 자원을 투입해야 한다면, 각 단계에서 참여 포기(No bid)를 할 수 있어야 한다. 왜냐하면 통상적으로 조직은 이미 발생한 매몰비용(Sunk Cost) 때문에 지는 사업에도 계속 참여하는 관성을 갖고 있기 때문이다.

수주가능성이 있다고 판단하면, 그 다음으로는 수주율을 더 높이기 위해 어떤 영업 활동을 할 것인가를 결정하는 것이다. 영업 활동이란 이기는 전략을 개발하기 위해서 어떤 정보를 더 수집해야 하고, 어떤 메시지를 고객 조직에 더 전달해야 하는 것인가를 결정하는 것이다.

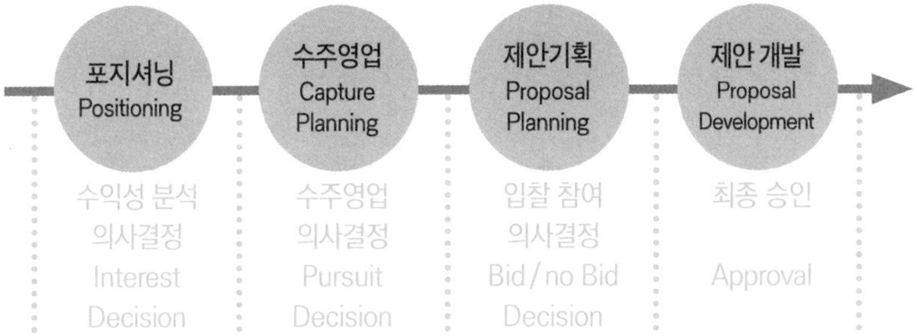

● 의사결정 주요 시점(Milestone)

프로세스의 효용은 주요 일정을 준수할 때 극대화된다.

01. 수익성 분석 의사결정(Interest Decision)

- 내용 : 조직의 전략적 목표 및 역량과의 부합 여부 검증
  정보 수집, 솔루션 개발 착수를 위한 자원 투입 여부 결정
- 시점 : 기회 발견 후

02. 수주영업 의사결정(Pursuit Decision)

- 내용 : 고객에 대한 우리 조직과 솔루션의 포지션(수주가능성) 평가
- 시점 : 수주계획서(Capture Plan)와 수주전략(Capture Strategy) 수립 이전

03. 입찰 참여 의사결정(Bid Decision)

- 내용 : 개발된 전략으로 수주가능성을 판단 후 사업 추진 여부 결정
  제안 기획(Capture Plan)과 수주 전략을 승인
- 시점 : 수주전략을 개발한 후, RFP 초안이 발표되기 전

04. 입찰 참여 최종 결정(Bid Validation Decision)

- 내용 : 사업 참여 최종 결정(최종 정보를 기초로 수주가능성 평가)
  제안전략의 수주가능성 평가
- 시점 : 제안서 기획을 수립한 후, 최종 RFP를 수령한 후 1주 내에 실시

05. 최종 승인(경영진 제안서 서명)

- 내용 : 사업 리스크와 최종 제안서를 검토
- 시점 : 제안서 리뷰를 거쳐 고객사에 제출하기 전

수주팀의 리더는 주요 시점마다 다음과 같은 질문들을 통해 의사결정을 해야 한다. 수주팀은 의사결정에 따라 정보 수집, 분석, 전략 개발, 실행을 수행한다.

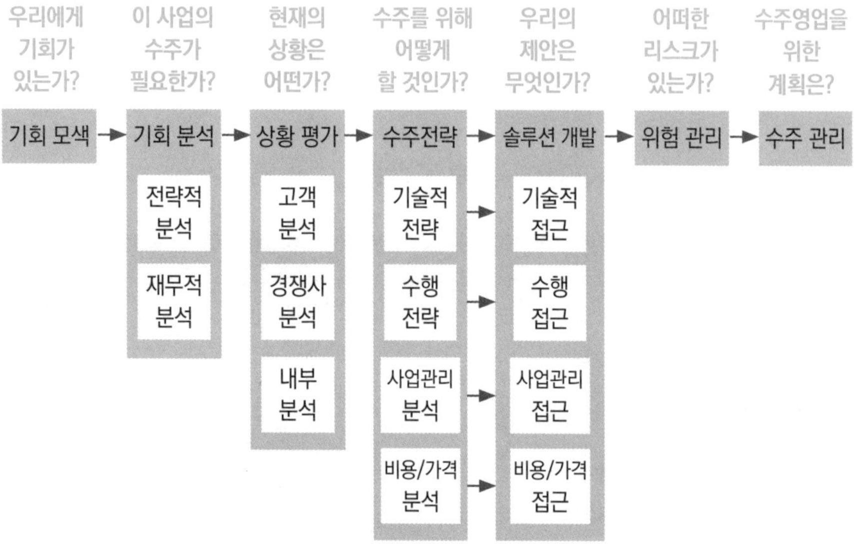

● 단계별 질문을 통한 전략 개발과 입찰 참여 여부 결정

시간이 흐르면서 고객의 구매 단계가 진화하면, 그에 맞추어 우리의 세일즈 단계도 진화해야 한다. 진화의 핵심은 첫째, 이 사업을 수주하기 위해 정보를 수집하고, 정보에 기반한 수주전략과 제안전략을 개발하는 것이다. 둘째, 개발된 전략으로 이 사업을 수주할 수 있는지를 판단하는 것이다.

고객의 이해

① 고객은 개인이 아니라 집단이다

세일즈 프로세스

① 프로세스 표준화
② 고객의 구매 단계와 일치하는 프로세스
③ 단계별 의사결정(Milestone)

사업 참여

① 입찰 참여 결정(Bid / No Bid Decision)
② 입찰 참여 결정 단계
③ 입찰 참여 결정 기준
④ 입찰 참여 결정 도구

사전영업

① 빨리 개입할수록 수주가능성이 높아진다
② 비공식적인 이슈까지 다루어야 수주가능성이 높아진다

정보 수집

① 수주계획서(Capture Plan)는 왜 필요한가?
② 수주계획서는 어떻게 영업 활동에 활용되는가?
③ 수주계획서는 어떻게 작성하는가?

| 사업 참여 |

1 입찰 참여 결정(Bid / No Bid Decision)

B2B에서는 세일즈 단계별로 정보가 업그레이드되고, 세일즈 전략(수주전략, Capture Strategy)이 구체화되면서 의사결정이 진행된다. 특히 사업의 규모가 클수록 입찰 참여 여부를 단 한 번에 결정할 수 없으므로, 여러 단계의 점검 과정이 필요하다. 따라서 상황에 변화가 있으면 입찰 참여 결정을 적극적으로 재고해야 한다.

결정을 재고해야 할 사유는 다음과 같다.

- 고객 요구사항의 갑작스러운 변화(수용할 수 없는 조건 등)
- 합리적이지 않은 일정
- 원가 변화로 인한 수익성 악화
- 파악이 안 되었던 새로운 중요 정보 입수

이런 변화에 상관없이 사업에 참여했을 때 수주가능성은 낮아지고, 수주했을 때 사업 리스크는 높아진다.

① 수주 못 할 사업 : 중간에라도 'Stop!'해야 한다.

B2B 사업에서 세일즈 성공률(수주율, Win Rate)을 높이는 비결은 수

주전략을 잘 세워서 각 사업을 수주하는 것이다. 그러나 수주율에 더 결정적인 비결은 '수주 못 할 사업'에 참여하지 않는 것이다.

입찰 참여를 결정하고 나면 본격적으로 자원과 인력이 투입되기 시작하지만, 그 전에도 사전영업을 위한 영업 조직의 인풋이 있다. 이러한 매몰비용(Sunk Cost) 때문에 아무도 'Stop'하지 못한다. 현장에 가보면 수주를 위한 제안이 아니라 제출을 위한 제안서를 작성하는 경우를 가끔 본다. 기왕에 여기까지 왔고 혹시라도 모르니 제출은 해보자라는 식의 관성과 마인드가 조직을 지배한다.

그러나 기존 고객도 아닌데 RFP를 넘어서는 추가적인 정보가 없는 사업, 전략을 세워봐도 이기기 힘들다고 판단되는 사업은 바로 멈추고 다른 사업에 집중하는 것이 효과적이다. 이는 마치 주식투자를 하다가 손해가 생겼을 때 '손절매'를 하는 것과 동일한 원리다.

뒤에 있는 '③ 입찰 참여 결정 기준'에서 '수주가능성(Win Possibility)' 부분을 참고하기 바란다.

② 수주하면 안 되는 사업 : No Bid Decision이 필요하다.

B2B 세일즈는 규모가 있기 때문에, 수주보다 더 중요한 것은 '수주하면 안 되는 사업'에 참여하지 않는 것이다. 사실 이것이 가장 중요하다. 수주에 실패(실주)하는 것보다 최악의 상황은, 악성 사업을 수주하는 것이다.

기업들이 특정 사업에 참여해서 후회하는 경우가 많다. 최근에 한국의 건설, IT 분야의 여러 대기업들이 최저가 수주를 함으로써 회사의 존폐가 위협받고, 리더십이 바뀌는 경우를 심심치 않게 보고 있다. 시장이 성장기를 지나서 성숙기로 갈수록 적극적이고 전략적으로 사업에 Bid / No bid Decision을 실행하는 것이 중요하다.

뒤에 있는 '③ 입찰 참여 결정 기준'에서 '내적 기준(Internal Fit)' 부분을 참고하기 바란다.

- 수익률(Margin Rate)
- 사업의 규모(Scalability)
- 전략적 정합성(Strategic Fit)
- 사업의 리스크(Performance Risk)

> **B2B 세일즈는 규모가 있기 때문에, 수주보다 더 중요한 것은 '수주하면 안 되는 사업'에 참여하지 않는 것이다. 수주에 실패(실주)하는 것보다 최악의 상황은, 악성 사업을 수주하는 것이다.**

SALES STORY

기회 발굴과 관리를 적극적이고 전략적으로!

수주영업 프로세스가 성공적으로 정착하면 수주율이 체계적으로 오른다. 이를 위해서는 프로세스가 세팅되고 나서 다음과 같은 원칙들을 꾸준히 노력해야 한다.

1) 적극적으로 기회를 발굴한다.

적극적으로 많은 기회를 검색하고 정보를 수집해서, 사업 참여 의사결정(Bid / No bid Decision)을 할 수 있도록 한다. 여기에서 중요한 것은 많은 기회를 검색해야 한다는 점이다.

2) 적절하지 않은 사업을 적극적으로 버린다.

많은 기회를 모색하는 것만큼이나 중요한 것은 (오히려 더 중요한 것은) 사업 참여 의사결정을 통해서 과감히 사업을 포기하는 것이다. 적극적으로 가능 사업을 발굴해야 적극적으로 버릴 수 있다는 사실을 명심해야 한다.

3) 참여하기로 한 사업에 역량을 집중한다.

그 결과 참여하기로 한 사업은 가능한 모든 역량을 집중한다. 최선의 제안을 했다면 설령 수주에 실패하더라도 그 경험은 반드시 다음 사업의 성과로 연결된다.

2 입찰 참여 결정 단계

세일즈 프로세스에서 '입찰 참여 결정'은 주요 시점에서 단계별로 이루어진다.

① 기회 분석 의사결정(Pursuit Decision)

수주영업을 하려면 인풋이 필요하기 때문에 이 활동을 할지 말지에 대한 의사결정을 하는 단계(Milestone)가 필요한데, 이를 '기회 분석(Pursuit Decision)'이라고 부른다.

② 입찰 참여 의사결정(Bid Decision)

기회 분석을 통해서 수주영업 활동을 하면, 비로소 '입찰 참여 결정(Bid / No-bid Decision)'이 가능해진다. 이는 프로세스의 핵심단계로서 정보에 기반한 의사결정이 중요하다.

입찰에 참여하기로 결정이 되면 그때부터 영업 활동(Capture Planning)은 제안 활동(Proposal Planning)으로 전환된다.

③ 입찰 참여 최종 결정(Bid Validation Decision)

이렇게 제안 활동을 하고 있으면 고객이 RFP를 발행하면서 구매를 공식화한다. RFP가 나오면 최종적으로 '입찰 참여 최종 결정(Bid Validation Decision)'을 해야 한다. 이때에는 고객이 발행한 RFP에 입찰 참여를 제고해야 할 변수(무리한 일정, 요구사항의 변화 등)가 없는지 검토하는 것이 핵심이다.

입찰 참여 결정 시점을 중심으로, 수주 단계를 보면 아래 그림과 같다.

특정 사업을 수주하기 위해서는 크게 영업 단계(Capture Planning)와 제안 단계(Proposal Planning)가 필요하다. 영업 단계에서는 정보를 수집하여 수주전략(Capture Strategy)을 수립하는 것이 목표이다. 제안 단계에서는 수주전략을 발전시켜서 제안전략(Proposal Strategy)을 수립하는 것이 목표이다.

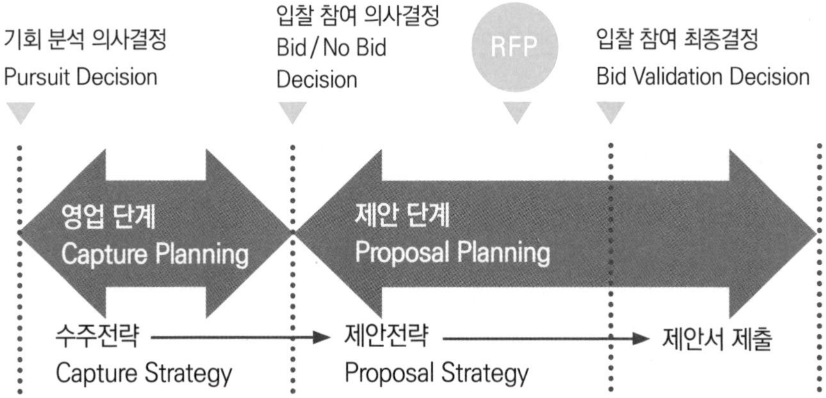

● 입찰 참여 결정 시점

주요 단계의 의사결정 시점(Milestone)과 그에 따른 영업 활동의 변화이다.

3 입찰 참여 결정 기준

입찰 참여 여부의 기준은 외적 기준(External Fit)과 내적 기준(Internal Fit)으로 나뉜다. 외적 기준은 수주가능성이다. 이는 '이 사업을 우리가 수주할 수 있는가?'를 따져 묻는 것이다. 내적 기준은 수익률, 사업 규모, 리스크, 전략 정합성이 있다.

① 수주가능성(Win Possibility)

통상 수주가능성이 높은 기업은 기존 사업자이다. 쉬플리 어소시에이츠(Shipley Associates)에 따르면 기존사업자의 성공률은 80%에 이른다. 다시 말해 기존 사업자가 아니면 들러리가 될 가능성이 80%라는 뜻이다. 그렇다고 기존 사업자가 아니면 새로운 사업에 참여하지 말라는 뜻이 아니다. 신규 사업일수록 수주가능성이 낮고, 정보의 부재로 인한 리스크가 크기 때문에 사전영업(Pre Sales)을 빨리 시작해고 철저히 집중해서 해야 한다는 의미이다.

신규 사업을 수주하기 위해서는 많은 사업에 들러리로 참여하기보다 꼭 수주해야 할 사업을 선택해서 신규 영업에 집중하는 것이 필요하다. 수주율이 높은 기업은 전략적 선택과 집중의 필요성을 이해하는 리더십과 사업 참여 결정(Bid / No Bid) 프로세스가 있다.

② 수익률(Margin Rate)

산업별로 적정 수익률이 다르므로 리더십이 허용할 수 있는 수익률을 평가지표로 넣는 것은 매우 중요하다. 수주가능성(Win Possibility)을 높이기 위해서 솔루션을 많이 개발할수록 비용이 높아지고, 따라서 수익률은 수주가능성과 반비례한다.

③ 규모(Scalability)

대체로 사업의 규모가 클수록 효율성이 높아진다. 1,000억 원 사업 수주를 준비할 때, 100억 원 사업 인풋의 10배가 들어가는 것이 아니다. 비슷하거나 더 들어가봐야 1.5배, 2배 정도다. 그러니 가급적이면 큰 사업을 수주해야 하지 않겠는가!

한편으로는 너무 규모가 큰 사업을 수주한 후 리스크가 관리가 안 돼서 회사 자체가 위험에 처하는 경우도 많이 본다. 왜 이런 일이 일어나는가? 의사결정이 공식적 프로세스나 도구가 아니라 리더 개인의 주관적 판단에 의해서 행해질 때 더 빈번하게 일어난다.

사업의 규모는 리스크 통제가 가능한 수준에서 클수록 효율적이다.

④ 리스크(Risk)

사업의 위험에는 관리적 측면(Management Risk)과 기술적 측면(Technical Risk)이 있다.

관리적 측면의 리스크는 일정 관리나 비용관리 측면에서의 문제들을 말한다. 기술적 측면의 리스크는 고객이 요구한 수준의 기술적 성능(Performance)을 충족시키지 못했을 때 발생하는 리스크이다.

⑤ 전략 정합성(Strategic Fit)

영업대표나 부서는 매출 목표 채우기에 급한 나머지 수익이 낮거나 전략과 부합하지 않는 사업을 수주하는 경우가 있다. 이런 사업이 많아지면 기업은 장기적으로 사업의 전략적 방향성을 잃는다. 배가 고프니 몸에 안 좋은 음식을 먹는 것과 유사한 형국이다. 영업대표는 각각이 갖는 기회가 조직의 전반적 사업전략과 일치하는가를 확인해야 한다.

예를 들어, 최근에 IT 스타트업 기업들의 어려움은 개발한 솔루션 또는 사업모델이 매출이 발생하기까지 당장 돈을 못 버니, 우선 돈이 되는 시스템 유지보수 용역사업에 참여하는 경우가 많다. 그런데 이 용역사업으로 돈을 벌수록 회사는 용역사업 중심으로 채용을 하고 조직을 세팅하게 되면서, 원래 개발한 솔루션 또는 사업모델에는 투자가 어려워진다.

각 기회가 사업전략과 일치하는가의 여부를 판단하기 위해 다음의 질문들에 답해봐야 한다.

- 이 기회가 회사의 전략 관점에서 어떤 가치를 제공하는가?
- 이 기회를 추구하지 않을 경우 전략적 관점에서 위험은 무엇인가?

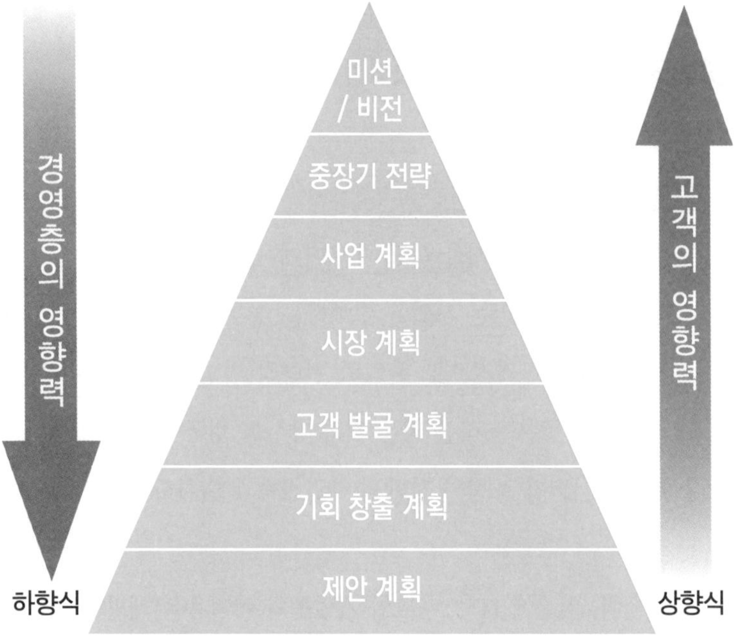

● 전략의 위계

단위 사업 참여 여부는 회사의 미션과 비전, 중장기 전략과 부합해야 한다.

> **영업대표나 부서는 매출 목표 채우기에 급급한 나머지 수익이 낮거나 전략과 부합하지 않는 사업을 수주하는 경우가 있다. 이런 사업이 많아지면 기업은 장기적으로 사업의 전략적 방향성을 잃는다. 배가 고프니 몸에 안 좋은 음식을 먹는 것과 유사한 형국이다.**

또 하나 전략적 정합성에서 중요한 것은, 성장전략 관점에서 기회를 평가하는 것이다. 성장전략 관점에서 기회평가의 기준은 시장과 솔루션에 대한 경험 유무이다. 시장과 솔루션에 대한 경험과 이해가 높을수록 성공 가능성은 높고, 리스크는 낮아진다. 따라서 기업들은 통상 세일즈의 성공 가능성을 높이기 위해서 기존 시장에 신규 제품/서비스를 공급하거나, 기존 제품/서비스로 신규 시장에 진출함으로써 영역을 확장한다.

이때 다음의 순서와 내용을 기본 원칙으로 결정하는 것이 좋다.

① 기존 시장의 기존 솔루션

② 신규 시장의 기존 솔루션

③ 기존 시장의 신규 솔루션

④ 신규 시장의 신규 솔루션

- 기존 시장의 기존 솔루션이 충분히 성장하고 있다면, 이 시장에 집중하는 편이 유리하다.
- 기존 시장이 성숙 단계에 진입하면 적극적으로 신규 시장과 신규 솔루션을 개발한다. 이때 리스크가 낮은 영역부터 진출한다. 리스크와 수익은 일반적으로 반비례하지만, 우리 조직/솔루션의 핵심역량이 잘 구현된다면 리스크는 줄어들면서 수익은 유지된다.
- 신규 시장에 신규 제품/서비스를 공급하면 훨씬 높은 위험성을 수반하므로 매우 주의해야 한다.

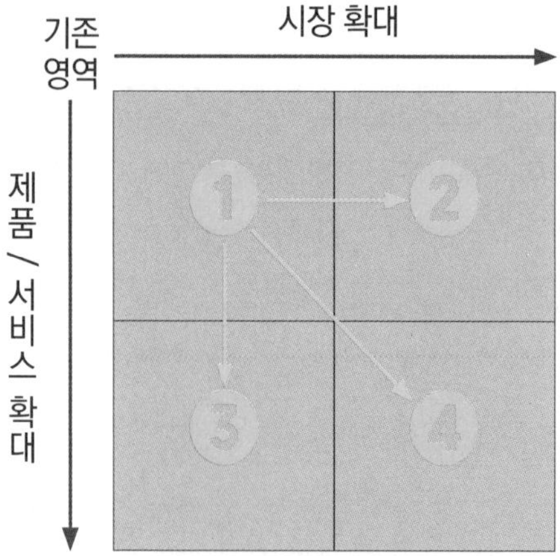

영역	결합 형태	경쟁력	실행 전략
①	기존 제품 / 서비스 기존 시장	경쟁력 있음	✓ 시장, 상품, 고객이 충분히 알려져 있으니, 경쟁자에 초점을 둘 것
②	기존 제품 / 서비스 신규 시장	주의 요구됨	✓ 시장에 대해 먼저 학습할 것 ✓ 시장에서 입지를 갖춘 후 경쟁자에 초점을 둘 것
③	신규 제품 / 서비스 기존 시장	주의 요구됨	✓ 서비스가 고객 입장에 맞춰져 있는지 확인한 후, 경쟁자에 초점을 둘 것
④	신규 제품 / 서비스 신규 시장	경쟁력 약함 (비용 / 위험 증가)	✓ 구체적 계획과 주요 자원의 투입 없이 진출하지 말 것

● 성장전략 관점의 기회평가 메트릭스

성장전략 관점에서 기존 시장에 신규 상품을 공급하거나 신규 시장에 기존 상품을 공급하는 형태로 매출을 확대할 수 있다. 신규 시장에 신규 상품을 공급하는 일은 위험과 비용이 커서 가급적 추천하지 않는다.

4 입찰 참여 결정 도구

수주영업은 단계별로 'Bid / No bid'를 검토하는 것이 중요하다. 기존 고객이 아닌 경우 이미 사업 파트너가 있을 가능성이 커서 참여 여부를 신중히 결정해야 하고, 또 고객의 요구사항이나 회사의 내부 사항(솔루션 세팅 및 자원)등에 변동이 생겨도, 그때마다 결정을 재고해야 한다.

수주율을 전략적으로 관리하는 회사들은 다음과 같은 도구를 사용해 입찰 참여 여부 결정(Bid / No bid Decision)을 한다. 이런 도구를 이용하면 충실한 정보에 기반한 의사결정을 통해 비즈니스 개발(B/D) 과정에서의 위험을 감소시킬 수 있다.

① 의사결정 트리(Decision Tree)

의사결정 트리의 장점은 반드시 확인해야 할 사항을 빠트리지 않고, 단계별로 질문하면서 의사결정을 할 수 있다는 점이다. 4가지 질문을 단계적으로 했을 때, 끝까지 'Yes'가 나온다면 사업에 참여한다.

- 1단계 : 전사 전략 또는 사업부 전략과 일치하는가?(Strategic Fit)

수주한 사업이 회사 또는 사업부의 전략과 불일치하는 경우가 많다. 영업대표 개인 또는 단위팀의 이익 관점에서 사업에 참여하는 위험을 제거하기 위해서 가장 먼저 해야 할 질문이다.

- 2단계 : 기존 거래처인가?

기존 거래처는 신규 거래처보다 적은 인풋으로 수주할 가능성이 높기 때문에 효율성 측면에서 중요한 질문이다.

- 3단계 : 기존 거래처가 아니라면 사전영업(Pre Sales)이 되었는가?

기존 거래처도 아니고, 사전영업을 통해서 기존 거래처를 이길 정보를 습득하지 않았다면 이번 사업은 들러리가 될 가능성이 높다.

- 4단계 : 자원이 있는가?

사업을 수행하기 위한 인력과 경험, 제안서 작성과 제안 발표 준비 등 사업을 제안하기 위한 인력이 있는지 점검해야 한다.

의사결정 트리는 사업의 수주가능성을 높이고, 들러리로 참여하는 것을 방지하는 것이 목적이다. 따라서 조직과 프로젝트의 성격 및 규모에 맞게 변형(Customizing)되어야 한다. 영업대표 개인이나 단위팀이 원하는 결정을 위해 사실을 왜곡해 끼워 맞추지 않도록 주의할 필요가 있다.

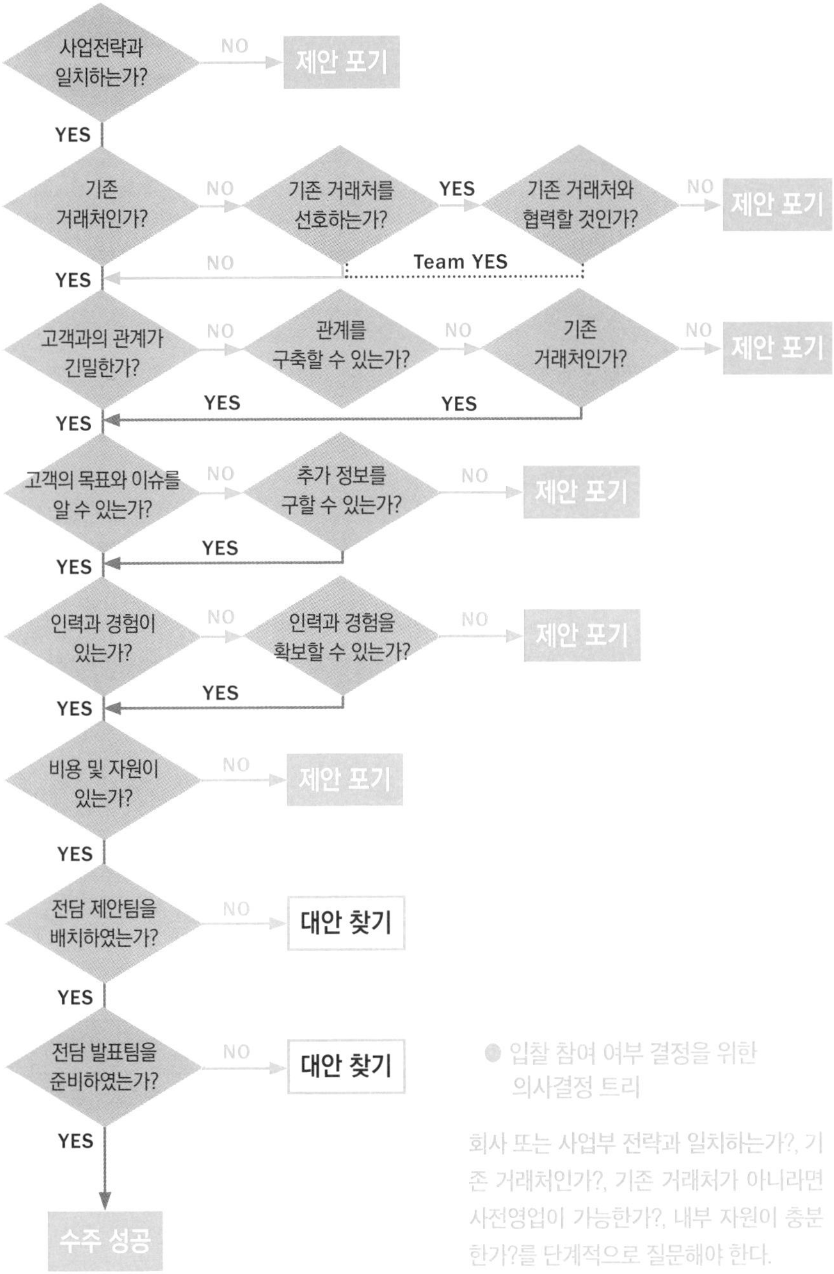

● 입찰 참여 여부 결정을 위한 의사결정 트리

회사 또는 사업부 전략과 일치하는가?, 기존 거래처인가?, 기존 거래처가 아니라면 사전영업이 가능한가?, 내부 자원이 충분한가?를 단계적으로 질문해야 한다.

② 평가 체크리스트

의사결정이 어려울 경우, 평가 체크리스트를 이용할 수 있다. 심사숙고 끝에 내린 결정이 물거품이 되지 않도록 제안 결정 과정에서 체계적으로 반영해야 한다. 평가 체크리스트에 기본적으로 포함되어야 할 질문은, 앞의 '입찰 참여 기준'에서 언급한 항목과 같다.

- 전략적 정합성(Strategic Fit)
- 사업의 규모(Scalable)
- 수주가능성(Win Possibility)
- 리스크 및 수익률(Margin Rate)

이 체크리스트는 우리 회사와 산업, 사업 규모, 성격에 맞게 개발하고, 각 평가 기준의 중요성을 반영해서 항목을 개발하고 가중치를 부여한다.

체크리스트	가중치	사업 A		사업 B		사업 C	
		점수	가중치	점수	가중치	점수	가중치
1. 전략적 적합성	30	5	150	5	150	4	120
2. 규모의 적정성	30	2	60	4	120	4	120
3. 수익률	20	3	60	5	100	1	20
4. 수주가능성	10	4	40	4	40	5	50
5. 자원의 효율성	10	3	30	3	30	5	30
총점	100	17	340	21	440	19	340

● 평가 체크리스트 예시

사업의 평가 기준에 가중치를 부여해서 다음과 같이 점수를 낼 수 있다. 위의 가중치 평가 체크리스트에 의하면, 사업 B에 참여하는 것이 가장 효과적이다.

③ 경쟁사 비교표(BCM, Bidder Comparison Matrix)

경쟁사 비교표는 자사의 솔루션과 각 경쟁사의 솔루션에 대한 강·약점을 고객의 관점에서(시장, 자사의 관점이 아니라) 평가하는 도구이다. 수주가능성(Win Possibility)을 평가하여 입찰 참여를 결정하는 도구로 사용할 수 있다. 입찰 참여 후에 경쟁사 비교표는 전략 개발을 위한 도구로 사용된다. 경쟁사 비교표는 단 한 번에 완성될 수 없으므로 정보가 축적될 때마다 반복적으로 업그레이드해야 한다.

핵심 이슈	비중	자사	경쟁사 A	경쟁사 B
관련 경험	70	45	60	45
일정 준수 능력	15	15	5	10
데이터 보안	8	8	6	5
사용자 편의성	7	7	6	5
총점	100	75	77	65

● 경쟁사 비교표 예시

왼쪽의 핵심이슈는 자사 관점이나 시장의 일반적 관점이 아니라 이번 사업에서 고객이 중요하게 생각하는 이슈를 말한다. 사업의 비중이나 경쟁력 평가 역시 수집한 정보에 기반해서 고객 관점에서 판단해야 한다. 반드시 총점에서 1등을 해야 입찰 참여를 결정할 수 있는 것은 아니다. 1등이 아니더라도 전략을 통해서 경쟁사를 이길 수 있다고 판단하면 사업에 참여할 수 있다.

고객의 이해

① 고객은 개인이 아니라 집단이다

세일즈 프로세스

① 프로세스 표준화
② 고객의 구매 단계와 일치하는 프로세스
③ 단계별 의사결정(Milestone)

사업 참여

① 입찰 참여 결정(Bid / No Bid Decision)
② 입찰 참여 결정 단계
③ 입찰 참여 결정 기준
④ 입찰 참여 결정 도구

사전영업

① 빨리 개입할수록 수주가능성이 높아진다
② 비공식적인 이슈까지 다루어야 수주가능성이 높아진다

정보 수집

① 수주계획서(Capture Plan)는 왜 필요한가?
② 수주계획서는 어떻게 영업 활동에 활용되는가?
③ 수주계획서는 어떻게 작성하는가?

| 사전영업 |

1 빨리 개입할수록 수주가능성이 높아진다

수주가능성(Win Possibility)을 높이기 위해서는 고객의 사업에 경쟁자보다 빨리, 프로세스 초기에, 적어도 제안요청서(RFP) 발행 이전에 개입해야 유리하다.

① RFP 발행 이전에 개입한다.

영업대표들이 느끼는 흥미로운 점은 대부분의 고객이 RFP가 발행되면 태도가 돌변한다는 점이다. 어떻게 돌변하는가? 공정(Fair)하고 공식적(Formal)이 된다. 고객은 RFP가 발행된 이후부터는 사업 자체에 대한 염려보다는 절차적 공정성에 주로 신경을 쓰게 된다. 그래서 그들은 공정하고 공식적인 태도로 바뀌는 것이다.

따라서 RFP 이전에 개입을 하게 되면 차별화된 정보를 얻을 수 있을 뿐만 아니라 고객에 대한 영향력이 높아진다. 그래서 고객이 우리에게 우호적인 구매 조건을 합의하고 이를 RFP에 반영할 가능성이 커진다. 이렇게 RFP 이전에 개입하는 것을 '사전영업(Pre Sales)'이라고 한다. Pre Sales는 엄밀하게는 Pre RFP Sales이다.

RFP 발행 이후라도 고객에게 영향력을 행사할 기회는 있다. 제안서와 제안 발표이다. 단, 이는 사전영업만큼 영향력이 크지는 않다.

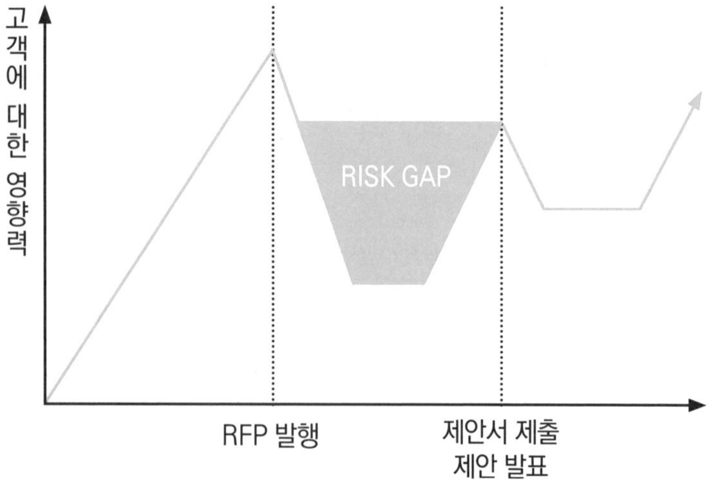

● 리스크 갭

고객에 대한 영업대표의 영향력은 RFP 발행 전까지 높아지지만 RFP가 발행되면 급격히 약화되는데, 이를 리스크 갭(Risk Gap) 구간이라고 한다. 리스크 갭의 구간이 되면 고객에 대한 영향력은 극적으로 떨어지는데, 왜냐하면 이때 고객의 관심은 공정하게 사업자를 선정하고 리스크 없이 사업을 마무리하는 것으로 바뀌기 때문에 고객은 보수적이 된다.

> **RFP 이전에 개입을 하게 되면 차별화된 정보를 얻을 수 있을 뿐만 아니라 고객에 대한 영향력이 높아진다. 이렇게 RFP 이전에 개입하는 것을 '사전영업'이라고 한다. Pre Sales는 엄밀하게는 Pre RFP Sales이다.**

② 경쟁자보다 먼저 개입한다.

RFP 이전이라고 하더라도 경쟁자보다 먼저 개입하는 것은 중요하다. 먼저 전문가로 포지셔닝해서 신뢰 관계를 쌓으면 경쟁자에 대한 정보 역시 고객으로부터 습득하기가 쉬워진다. 가장 가치 있는 경쟁자에 대한 정보는 고객을 통해서 입수된다.

고객과 함께 니즈를 정의하고, 솔루션을 검토하는 과정에서 고객은 불가피하게 우리의 경쟁업체도 만나게 된다. 그리고 고객이 경쟁자에게서 얻은 좋은 아이디어나 이슈들을 문제 해결의 파트너인 우리와 공유하게 된다.

명심해야 한다. 고객은 우리와 친해서 또는 우리를 위해서 정보를 공유하지 않는다. 자신의 문제 해결과 프로젝트의 성공을 위해서 정보를 공유한다. 따라서 친밀한 사람이 아니라 '전문가'로서 고객을 만나야 한다.

> **"고객은 우리와 친해서 또는 우리를 위해서 정보를 공유하지 않는다. 자신의 문제 해결과 프로젝트의 성공을 위해서 정보를 공유한다. 따라서 친밀한 사람이 아니라 '전문가'로서 고객을 만나야 한다."**

SALES STORY

고객은 당신을 세일즈맨으로 인식하는가? 전문가로 인식하는가?

만약 당신이 자동차를 판매하는 세일즈맨이라고 생각해보자.

고객이 당신을 어떻게 인식하는가에 따라서 당신에 대한 고객의 태도는 달라진다.

고객이 당신을 자동차 세일즈맨으로만 인식하고 있다면 오직 자동차 구매의사가 있을 때에만 당신에게 연락을 할 것이다. 그러나 당신을 자동차 전문가로 인식한다면 자동차가 갑자기 멈췄을 때 당신이 생각나고 전화를 하게 된다. 보험에 문제가 있거나 교통사고가 났을 때에도 당신을 떠올리게 될 것이다.

전문가로 포지셔닝되면 일이 많아지고 귀찮은 일을 해야 한다. 그러나 그때가 세일즈에서 가장 중요한 순간이다.

그 이유는 다음과 같다.

첫째, 경쟁자와 차별화된 포지셔닝을 할 수 있는 기회가 된다.

둘째, 경쟁자가 알지 못하는 잠재적 기회를 알게 된다.

셋째, 고객과 경쟁자의 정보를 차별적으로 획득하게 된다.

2 비공식적인 이슈까지 다루어야 수주가능성이 높아진다

고객에게는 RFP 상에 공식적으로 말할 수 없거나, 말해주지 않는 수많은 이슈들이 있다. 이런 이슈들을 비명시적 요구조건(Unstated Requirement)이라 한다. 이런 비공식적인 이슈를 이해하고 영업 단계와 제안서 작성 단계에서 적극적으로 다룰수록 수주가능성은 커진다. 이렇게 비명시적 요구조건까지 다루려면 사전영업 단계에서 다음의 정보들을 수집해야 한다.

① 조직의 역학 관계(Politics)

조직 내 의사결정 프로세스에 대해서 고객들은 말해주지 않지만 이를 아는 것은 매우 중요하다. 특히 공식적 의사결정 구조와 달리 실제 의사결정이 어떻게 이루어지는가를 아는 것은 수주영업에 있어서 결정적이다.

필자는 컨설팅을 수행하는 중에 고객 조직의 CEO로부터 이유에 대한 설명도 없이 프로젝트를 잠시 멈춰 달라는 요구를 받은 적이 있다. 그 당시에는 원인을 알 수 없어서 답답했으나 추후에 프로젝트가 재개되면서 알게 된 속사정은 이랬다.

그 회사는 전문경영인을 CEO로 채용했으나 오너 2세 부사장이 큰 비용이 지출되는 경우에는 종종 비토(Veto)를 행사하는 경우가 있었다. 이런 조직의 의사결정 구조를 아는 것은 세일즈에 많은 도움이 된다.

② 개인적 이슈(Personal Issues)

사람들은 직업 속에서 자신의 욕구를 충족하거나 미래를 준비하기 때문에 고객의 조직뿐만 아니라 개인적인 이슈를 다루는 것은 매우 설득적인 일이다. (물론 불법적인 일을 하라는 뜻은 아니다.) 이를 테면, 다음 직장을 구하는 데 적극적인 역할을 한다든지, 학업을 계속하길 원하는 고객에게 관련 교수를 추천한다든지, 그 방법은 매우 다양할 것이다.

필자가 영업을 할 때 많이 활용했던 방법은, 자기개발 욕구가 강한 고객들을 만났을 때 좋은 책이나 세미나(특히 해외 세미나)를 주제로 대화를 나누는 것이다. 그러다 보면 고객들의 '눈이 반짝이는' 순간을 만날 때가 있다. 그럴 때 해당 책이나 세미나 소개자료를 보내주면, 고객과 나의 좋은 연결고리가 된다.

③ 고객의 제약조건(Constraints)

고객의 대표적인 제약조건은 예산이지만 그 외에도 촉박한 일정, 인력 부족, 내부 저항 등 많은 상황들이 있을 수 있다.

고객은 자신의 제약조건을 숨기기도 하는데, 예를 들면 예산이 확보되지 않은 상태에서 사업을 진행할 때도 있다. 이런 경우에 예산이 없어서 사업이 진행되기 어렵다는 사실을 공급업체들이 알게 되면, 곤란한 일이 생길 수 있기 때문에 고객은 예산이 확보된 것처럼 행동하기도 한다. 이런 경우에는 문제를 정확히 공유해야 이에 대한 대안을 함께 찾아 나갈 수 있다는 점을 고객에게 인식시킨다.

필자가 속한 컨설팅 산업은 기업에서 연간예산으로 잡지 않아서 비용을 급조해야 하는 경우도 있다. 이럴 때는 성공보수로 계약을 하거나 교육 등의 타 예산을 전용하는 등, 여러 방법을 제시할 수 있다.

④ 고객의 주관적 경험과 편견(Bias)

고객 조직에 있는 개인들의 주관적 편견을 이해하는 것도 수주영업 현장에서는 중요하다. 그것은 논리적 / 합리적이지 않은 경우가 대부분이다.

필자가 창업한 글로벌 수주컨설팅회사의 솔루션은 고객들에게 '품질은 좋지만 비싼 컨설팅'으로 인식되어 있다. 대기업의 대규모 컨설팅을 수주할 때는 이러한 포지션이 유리하지만, 중소기업의 프로젝트를 할 때는 불리하다. 알다시피 중소기업이 돈을 쓰는 일은 얼마나 어려운가? 그래서 중소기업 사장님들을 만날 때 전달하는 메시지는 "쌉니다."이고, 정부 지원을 받든 프로세스를 간소화하든 어떻게든 중소기업 CEO들이 구매할 수 있는 수준의 저렴한 솔루션을 제공한다.

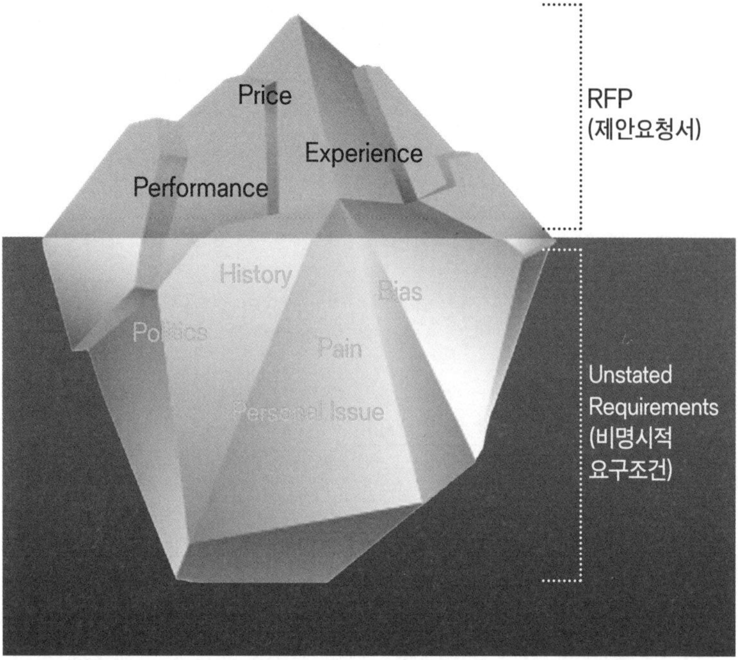

● 고객의 비공식적 요구조건

제안요청서 상의 '공식적인' 요구조건이 고객 니즈의 전부는 아니다. 제안요청서에는 없지만 고객이 말해주지 않거나, 말할 수 없는 숨겨진 니즈가 반드시 있다.

SALES STORY

고객의 편견을 이해하라

A고객은 국내에서 가장 수익이 좋은 카지노의 IT 실무자인데, ERP 구축을 위한 파트너로 글로벌기업인 I사를 선택했다. 그 당시 I사는 카지노산업에 실적이 적었으나 한국 카지노산업을 선점하기 위해 매우 싼 가격에 프로젝트를 수주했고, 그 결과 프로젝트는 여러 난관을 겪었다.

IT 기업들은 이런 경우 저가에 수주를 하고, 고객을 설득해서 추가적인 예산을 확보하도록 하는 전략을 종종 사용한다. 그러나 이 경우에는 공기업이라는 고객의 특수성으로 추가예산 확보가 불가능했고, 사업은 매우 어렵게 마무리되었다고 한다.

그 이후부터 담당자였던 A고객은 I사 이야기만 나오면 적대감을 표시하고, 그 회사와 일하는 것을 적극 만류한다. I사는 통상적인 방법으로 접근했을 뿐인데, 나쁜 결과로 인해 편견이 생겨버린 것이다.

만약 다른 글로벌기업의 영업대표가 A에게 접근하려면, A의 주관적인 경험과 편견을 이해하는 것이 중요하다. 글로벌기업에 대한 그의 부정적 편견을 상쇄시키고 신뢰를 구축하기 위한 전략을 고민해야 한다.

고객의 이해

① 고객은 개인이 아니라 집단이다

세일즈 프로세스

① 프로세스 표준화

② 고객의 구매 단계와 일치하는 프로세스

③ 단계별 의사결정(Milestone)

사업 참여

① 입찰 참여 결정(Bid / No Bid Decision)

② 입찰 참여 결정 단계

③ 입찰 참여 결정 기준

④ 입찰 참여 결정 도구

사전영업

① 빨리 개입할수록 수주가능성이 높아진다

② 비공식적인 이슈까지 다루어야 수주가능성이 높아진다

정보 수집

① 수주계획서(Capture Plan)는 왜 필요한가?

② 수주계획서는 어떻게 영업 활동에 활용되는가?

③ 수주계획서는 어떻게 작성하는가?

1 수주계획서(Capture Plan)는 왜 필요한가?

수주를 위해서는 의도적이고 전략적인 영업 활동이 필요하다. 따라서 가장 중요한 것은 수주계획서(Capture Plan)를 작성하고, 계획에 기반하여 전략적인 수주영업 활동을 하는 것이다. 수주계획서는 '고객과 경쟁자의 정보를 수집하여 수주전략(Capture Strategy)을 수립하는 도구'로 정의할 수 있다.

Capture Plan은 왜 필요한가?

① 추상적인 집단(Entity)인 고객을 이해하기 위해서 필요하다.

당신의 고객은 누구인가? 강의 중에 이렇게 물어보면 사람들은 '서울시', '삼성전자', '방위사업청'이라고 대답한다. 이는 고객사의 명칭일 뿐이다. 누구도 고객을 총체적으로 알지 못한다. 각 개인들이 알고 있는 고객에 대한 정보가 체계적으로 누적될 때, 비로소 고객을 제대로 이해할 수 있게 된다.

② 고객의 정보가 체계적으로 공유된다.

고객의 정보는 우리 조직 내에서 문서로 소통되어야 한다. 기록하지 않고 구두로 전달되는 정보는 소멸된다. 또한 정보가 검증될 수도 없다. 방대한 고객의 정보는 문서로 정리되어야 조직 내에서 소통이 되고, 리더십과 체계적으로 공유된다.

③ 전략이 업그레이드된다.

고객과 경쟁자의 다이내믹한 역학관계 속에서, 정보는 흐르고 전략은 진화한다. 기존 전략과 변화하는 환경이 기록되어 있어야 현재 상황에 맞는 수주전략을 더 날카롭게 발전시킬 수 있게 된다.

④ 제안 비용을 절감시킨다.

수주계획서에는 고객, 경쟁사, 요구조건, 전략 등에 관한 정보가 정리되어 있다. 이를 제안서 기획으로 발전시키면 제안서 작성 시 소요되는 자원을 획기적으로 절감할 수 있다. 수주 전문가들은, 효과적인 수주계획서는 투입 자원의 60%를 절감할 수 있다고 말한다.

또한 정보가 부족하거나 제안 작업을 늦게 시작한 경우라 하더라도, 해당 사업과 관련된 최소한의 실마리를 찾을 수 있다.

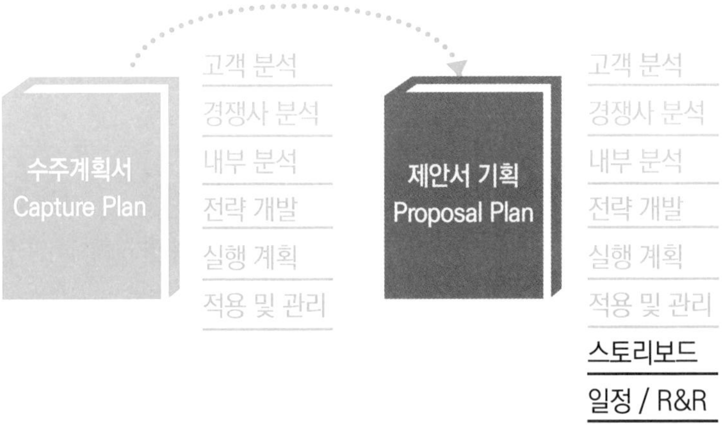

● 수주계획서에서 제안계획서로 이전

제안서는 잘 짜여진 수주계획서를 기초로 작성되어야 한다. 이를 위해서는 수주계획서가 제안서 기획으로 발전되어야 한다.

SALES STORY

"적자 생존, 적어야 산다."

강의시간에 교육생들에게 문서화를 강조하기 위해 한 말이다.

한 기업의 영업 수준은 그 조직의 문서 수준과 거의 일치한다. 체계적인 영업이 안 되는 조직은 체계적인 문서 정리가 안 되어 있다. 영업에서 체계적인 문서의 핵심은 '고객 정보'이다. 영업의 핵심적인 기능은 '고객 조직의 정보를 체계적으로 우리 회사의 지적 자산으로 이전하는 것'이다.

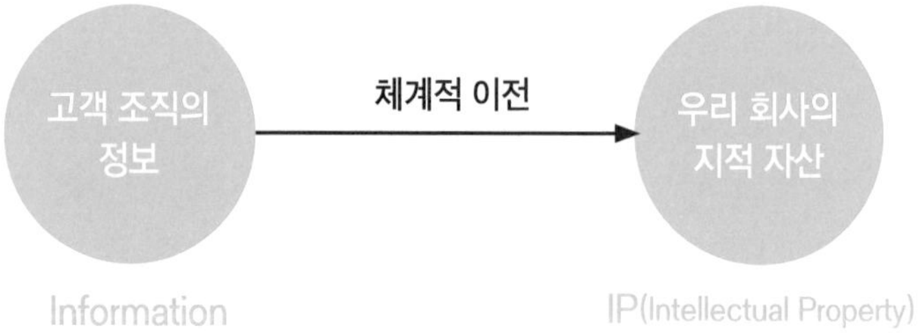

> **한 기업의 영업 수준은 그 조직의 문서 수준과 거의 일치한다. 영업의 핵심적인 기능은 '고객 조직의 정보를 체계적으로 우리 회사의 지적 자산으로 이전하는 것'이다.**

2 수주계획서는 어떻게 영업 활동에 활용되는가?

수주계획서(Capture Plan)를 활용한 수주영업 활동은 다음과 같다.

① 정보 수집 및 분석

고객과 경쟁사를 분석하기 위해 필요한 정보가 무엇인지를 판단하고 수집한다. 가능한 한 자세하게 수집할수록 구체적이고, 날카로운 수주전략이 나온다. 참고로 영어권에서는 고객과 경쟁사 정보를 수집하는 영업 활동을 Capture Plan에 ~ing를 붙여서 Capture Planning이라고 한다. 영업 활동(Capture Planning)을 통해서 수주계획서(Capture Plan)를 작성하는 것이다.

② 효과적인 입찰 참여 결정(Bid / No bid Decision)

Capture Plan에서 드러난 수집된 정보에 기반해서 입찰 참여를 결정한다. 적은 비용으로 높은 성과를 내기 위해서는 성공률이 높고 중요한 프로젝트에 자원을 집중해야 한다.

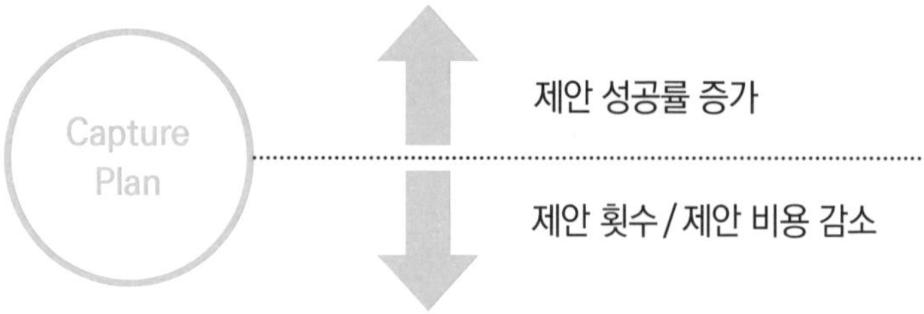

● Capture Plan(수주계획서)의 효용

최적의 사업 기회에만 집중하여 참여함으로써 비용을 절감하고 높은 수주율을 유지하는 것이 Capture Plan의 목적이다.

③ 차별화된 전략 개발

차별화된 전략은 차별화된 정보에서 나온다. Capture Plan을 통해 정보를 수집하고, 고객의 이번 사업에 대한 니즈를 파악해 경쟁자를 이기는 '솔루션'과 '메시지'를 개발한다. 이를 '수주전략(Capture Strategy)'이라고 한다.

단순하게 예를 들면, 이번 사업에 가격경쟁력이 가장 중요하다면, 아무리 우리의 품질이 우수해도 수주가 어렵다. 그렇다면 솔루션부터 원가를 낮출 수 있는 선택을 해서(솔루션 개발) 고객에게 "우리가 경쟁사보다 쌉니다."라는 말(메시지 개발)을 할 수 있어야 사업이 수주가 된다. (물론 현실은 훨씬 더 복잡하다.)

④ 수주영업의 품질 관리

Capture Plan을 보면 전체 수주영업의 품질을 평가할 수 있다. 특히 사전영업을 잘하는 영업대표들은 RFP 분석을 넘어서 고객이 경쟁자에게는 말해주지 않은 비공식적 이슈들까지 잘 파악하고 기록해 놓고 있다. 결과적으로 고객을 얼마나 잘 파악하고 있는지, 내부 구성원이 영업 활동을 잘 수행하고 있는지, 이 문서를 통해서 판단할 수 있다.

Capture Plan을 통한 수주영업 품질관리의 효용은 이렇다.

- 수주계획서의 목표에 대한 달성도 파악
- 개선 필요사항 및 즉각적인 리더십의 피드백 가능
- 자원 활용의 효율성 판단

수주계획서는 어떻게 작성하는가? 3

수주계획서(Capture Plan)는 한 번에 내용이 완성될 수 없고, 영업 단계별로 리뷰(Milestone Review)를 거치면서 완성도가 높아져 간다. 정보 수집을 통해 수주전략(Capture Strategy)이 날카로워져 갈수록, 입찰 참여 여부 판단의 정확도는 높아지고 수주가능성도 커지는 것이다.

아래 도표를 보면 수주계획서는 각 시점에서 필요한 판단의 토대가 된다.

수주계획서 양식	수익성 분석 의사결정	수주영업 의사결정	입찰 참여 의사결정	입찰 참여 최종 결정	최종 승인
1) 고객 분석	50%	100%	-	-	-
2) 경쟁사 분석	25%	75%	100%	-	-
3) 내부 분석	25%	75%	100%	-	-
4) 전략 개발	10%	50%	100%	-	-
5) 수주영업 계획	10%	75%	100%	-	-
6) 적용 및 관리	10%	50%	100%	-	-

● 수주계획서의 업그레이드

좋은 수주관리 시스템은 수주계획서가 언제든지 업데이트될 수 있다는 점을 염두에 두고 개방적이고 계획적으로 관리된다.

Capture Plan에 어떤 내용을 넣어야 하는지는 아래와 같은 여러 요인에 따라 달라질 수 있다.

- 고객 사업의 목적
- 고객 사업의 규모와 복잡성
- 고객 조직의 필요와 요구사항
- 자사의 사업전략 및 연간 계획과의 일관성

그럼에도 불구하고 Capture Plan에 들어가야 할 기본적인 사항을 정의할 수 있는데, 이는 다음과 같다.

1) 고객 분석

2) 경쟁사 분석

3) 내부 분석

4) 전략 개발

5) 수주영업 활동(계획)

6) 수주영업 활동(적용 및 관리)

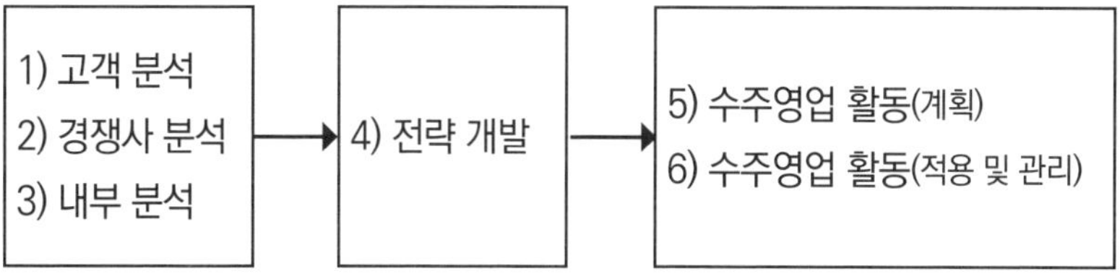

① 고객 분석

고객 분석은 Capture Plan에서 가장 기본적이고 핵심적인 내용이다. 따라서 가급적 상세하게 파악할수록 좋다. 특히 고객의 니즈(병명이 밝혀진 병)를 넘어서 Pain Points(병명이 안 밝혀진 병)까지 아는 것이 매우 중요하다.

고객 분석은 다음과 같은 내용을 포함한다.

- 고객의 기본정보
- 고객의 니즈와 Pain Points
- 고객의 사업목적과 방향
- 의사결정 프로세스(주요 의사결정자 및 영향자, 구매/평가 기준)
- 고객의 구매 히스토리(특히 경쟁자 솔루션 구매 경험)
- 고객의 시장환경과 트렌드

② 경쟁사 분석

경쟁사 분석의 핵심은 이번 기회에 대한 경쟁사의 포지션을 파악하는 것이다. B2B에서 경쟁사의 포지션이란, 고객 조직이 경쟁사를 어떻게 '인식'하고 있는가를 말한다. 쉽게 말해서, 자사와 경쟁사 중 어느 업체가 우위이고 어느 업체가 열위인가를 가늠하는 것이다. 포지셔닝은 사전영업을 통해서 강화되기 때문에, 주로 기존사업자에게 유리하다.

경쟁사 분석의 목적은 경쟁사의 강점과 취약점에 대응하여 자사의 제품이나 서비스를 차별화하고, 경쟁사의 공격을 예상하여 전략을 수립하는 것이다.

경쟁사 분석은 다음과 같은 내용을 포함한다.

- 해당 사업의 참여 경쟁사(주관사, 컨소시엄/협력업체)
- 경쟁사의 주요 정보(사업목표, 기술/솔루션, 핵심 인력, 레퍼런스)
- 고객사 사업의 참여 경험, 이번 사업에서 고객의 인식(포지션)
- 경쟁사의 강점과 약점(기술적, 관리적, 재무적 측면 모두 포함)
- 이번 사업에서 예측되는 경쟁사의 수주전략(기술전략, 가격전략)

③ 내부 분석

내부 분석은 고객의 니즈를 충족시킬 수 있는 자사의 역량, 경쟁사 대비 차별화 요소와 강·약점 등을 파악하는 작업이다. 수주전략은 이러한 내부 분석에 기반한다. 내부에 제한된 자원과 조건들을 제대로 파악하지 못하면, 실행 불가능한 수주전략들이 개발된다.

내부 분석의 목적은 '효과적인 솔루션을 경쟁력 있는 가격으로 고객에게 제공할 수 있는가?'에 대해 명확히 답하는 것이다.

내부 분석은 회사 내부의 다음과 같은 요인을 검토한다.

- 기술 역량(확보 기술, 기술 로드맵, 시설/장비)
- 관리 역량(인력, 프로세스, 위험관리)
- 차별화 요소(이번 사업의 고객 가치 관점에서 경쟁사 대비 강·약점)
- 위험 요소(비용, 일정, 성과 관련 위험)

- 과거 경험 및 실적
- 자원 할당 및 준비 상황(재무적 상황과 가격 분석에 따른 자원 및 인력 투입 의사결정)
- 가격 전략

④ 수주전략 개발

수주전략(Capture Strategy)은 사업 기회(Opportunity)를 포착하고 제안에 성공하여 계약을 체결하는 것을 목적으로 한다. 수주전략이란 고객에게 '왜 우리를 선택해야 하는가?'를 설득하기 위한 '목표(What)'와 '방법(How)'을 결정하는 것이다.

앞에서 다룬 1) 고객 분석, 2) 경쟁사 분석, 3) 내부 분석을 토대로 하며, 모든 전략은 고객 관점에서 개발하는 것이 중요하다.

– 목표(What) : 달성 목표는 무엇인가?

- 자사의 강점을 극대화한다.
- 자사의 약점을 최소화한다.
- 경쟁사의 강점을 최소화한다.
- 경쟁사의 약점을 극대화한다.

– 방법(How) : 목표 달성을 위한 방법은 무엇인가?

목표를 달성하기 위한 방법은, 솔루션 개발과 메시지 개발이 있다.

- 메시지 개발 : 고객에게 전달할 메시지를 개발하는 것이다. 개발된 메시지는 다양한 경로를 통해서 고객에게 전달한다. 메시지를 전달하는 방법은 3가지이다. 면대면(one on one Meeting), 제안서(Proposal), 제안 발표(Presentation)가 있다.
- 솔루션 개발 : 솔루션을 개선하는 것이다. 여기에는 비용이 들어간다. 이 점이 메시지 강화와 결정적인 차이이다.

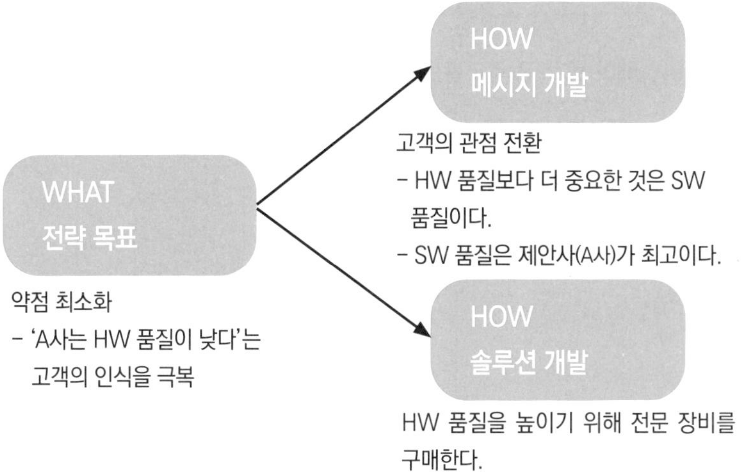

● 수주전략 개발

What은 전략 개발을 위한 목표이고, How는 구체적 방법이다. 주의해야 할 것은 What에 제안할 내용을 적어서는 안 된다는 점이다. 제안할 내용, 즉 제안할 메시지와 솔루션은 How에 기술한다.

⑤ 수주영업 활동(계획)

정보에 기반하여 개발된 전략은 수주영업 활동으로 실행되어야 한다. Action Plan은 전략을 효율적으로 실행해 제안에 성공할 수 있도록 하는 '활동 계획'이다. Action Plan의 계획은 쉽지만 실행은 어렵다. 따라서 계획은 자원과 비용 투입 차원에서 현실적이고 효율적이어서 실행이 가능해야 한다.

Action Plan은 해야 할 일(Action Item)을, 누가(R&R), 언제(Time) 할지 결정하는 것을 말한다.

항목별로 다음의 내용을 포함해 작성한다.

- 달성해야 할 목표(목표 달성을 확인할 수 있는 지표 포함)
- 목표 달성을 위한 활동(Action Item)
- 주요 활동과 지원 활동을 실행할 책임자(R&R)
- 활동 시작 및 완료 시기(Time)
- 비용

목표 달성을 위한 활동(Action Item)은 다음과 같다.

- 메시지 전달 : 고객 미팅, 컨퍼런스/세미나, 전문 아티클, 언론 등
- 솔루션 강화 : M&A, 기술 도입, 전문가 영입, 컨소시엄 구성, 라이선스 획득 등
- 정보 수집 : 리서치, 고객/협력업체 미팅 등을 통한 수집

⑥ 수주영업 활동(적용 및 관리)

수주를 위해서 Capture Plan의 지속적인 팔로업이 요구된다. 수주

영업 활동(Capture Planning)은 Action Plan을 실천에 옮기는 것뿐만 아니라 고객의 요구사항이나 정보 변경을 계속 업데이트하는 것을 말한다. 매니저 및 담당자는 Capture Plan을 지속적으로 검토 및 업데이트하고 경과를 보고해야 한다.

Capture Plan의 적절한 관리에서 계약 성공까지는 많은 단계가 있다. 이를 위한 수주영업 활동은 다음을 포함한다.

- 수주영업 추진을 위한 그라운드 룰 설정
- 고객과의 지속적인 관계 수립
- 내부 경영진과의 협력 및 단계별 보고
- 상황 변화에 따른 조정

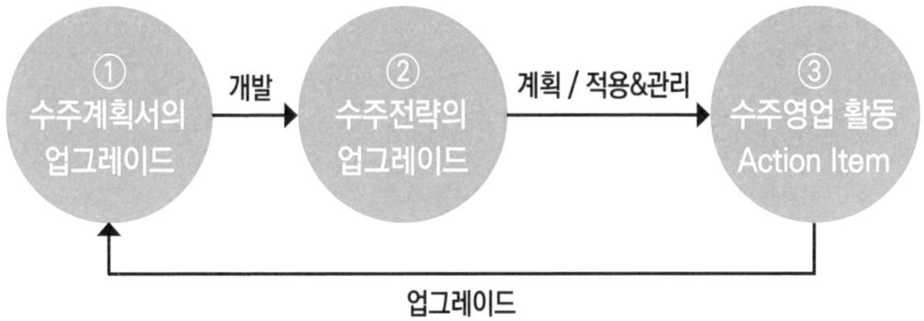

● 수주계획서에서 정보와 전략의 업그레이드

수주계획서의 정보가 업그레이드되면 이 정보에 기반해서 전략이 업그레이드된다. 전략이 업그레이드 되면 전략에 기반해서 수주영업 활동을 한다. 영업 활동이란 정보 수집과 메시지 전달을 하는 것이다. 전략적이고, 반복적으로 메시지가 전달되면 자사의 포지션은 향상되고, 추가적인 정보 수집을 통해서 다시 수주계획서의 정보가 업그레이드된다.

Capture Plan 예시

1) 고객 분석

- 고객의 기본정보
- 고객의 니즈와 Pain Points
- 고객의 사업 목적과 방향
- 의사결정 프로세스
- 고객의 구매 히스토리
- 고객의 시장환경과 트렌드

2) 경쟁사 분석

- 해당 사업의 참여 경쟁사
- 경쟁사의 주요 정보
- 고객사 사업의 참여 경험, 이번 사업에서 고객의 인식
- 경쟁사의 강점과 약점
- 이번 사업에서 예측되는 경쟁사의 수주전략

3) 내부 분석

- 기술 역량/관리 역량
- 차별화 요소/위험 요소
- 과거 경험 및 실적
- 자원 할당 및 준비 상황
- 가격 전략

4) 전략 개발

고객의 이슈	목표(WHAT)		방법(HOW)
	자사 강·약점	경쟁사 강·약점	메시지 or 솔루션

5) 수주영업 활동(계획)

Action Plan

- 달성해야 할 목표/지표
- 목표 달성을 위한 활동(Action Item)
- 주요 활동과 지원 활동을 실행할 책임자(R&R)
- 활동 시작 및 완료 시기(Time)
- 비용

Action Item

- 메시지 전달
- 솔루션 개발 활동
- 추가적으로 필요한 정보 수집

6) 수주영업 활동(적용 및 관리)

- 수주영업 추진을 위한 그라운드 룰 설정
- 고객과의 지속적인 관계 수립
- 내부 경영진과의 협력 및 단계별 보고
- 상황 변화에 따른 조정

SALES STORY

Capture Plan과 CRM

최근에 기업들은 Capture Plan과 같은 문서들을 별도의 툴로 사용하기보다는 Salesforce로 대표되는 CRM 솔루션으로 사용하고 있다. 한국의 경우에는 Salesforce 외에도 다양한 CRM 솔루션을 제공하는 기업들이 시장을 확장하고 있다.

다만 CRM 솔루션들이 산업과 사업의 규모를 고려하지 못한 상용품이다 보니 사용의 한계가 있을 수 있다. CRM 솔루션의 가장 큰 맹점은 대규모 사업의 복잡한 영업 활동을 지원하는 데는 한계가 있다는 점이다. 따라서 대규모 사업 중심의 기업에서는, 정보에 기반한 체계적인 수주영업을 위한 별도의 방법론(프로세스와 툴)을 사용할 필요가 있다.

필자의 A전자 컨설팅 경험에 따르면, 2천만 원 이상의 매출 규모는 건수로는 전체 사업의 9%에 불과하지만 매출의 83%를 차지하고 있었다. 따라서 소수의 대형 사업(매출의 83%)에 대해서는 정보에 기반한 수주전략(Capture Strategy)을 별도로 개발하는 훈련을 해서, 이 전략 중심의 영업 제안을 하는 것이 수주율 향상의 핵심이 될 것이다.

B2B
SALES

CHAPTER 3.
전문가영업의 핵심 스킬

CHAPTER 3.
전문가
영업의
핵심
스킬

콜드콜(Cold-Call)

① 왜 콜드콜인가?
② 콜드콜 효과
③ AI 적용이 콜드콜을 더욱 효과적으로!
④ 콜드콜 원칙
⑤ 콜드콜 스크립트

고객 미팅

① 미팅 프로세스 이해
② 미팅 계획 수립
③ 미팅 플래너
④ 미팅 전 자기 강화
⑤ 미팅 후 팔로업
⑥ 계약 후 팔로업

고객과의 대화

① 대화 들어가기(Opening)
② 경청하기
③ 질문하기
④ 설득하기
⑤ 거절 극복하기
⑥ 대화 마무리하기(Closing)

가치 제안

① 전문가영업과 가치 제안
② 효과적인 가치 제안
③ 고객 유형에 따른 가치 제안
④ 가치 제안을 위한 솔루션 개발

| 콜드콜(Cold-Call) |

1 왜 콜드콜인가?

영업의 핵심은 신규 고객을 확보할 줄 아는 능력이다. 신규 영업에서 가장 중요한 방법은 콜드콜이다. 콜드콜(Cold call)이란, 잠재 고객에게 전화하는 것을 말한다.

왜 콜드콜인가?

세일즈 목적의 전화를 따뜻하게 받아주는 사람은 많지 않다. 고객의 냉담한 반응이 예상되므로 콜드콜이다. 그래서 두 번째 이후의 전화는 웜콜(Warm Call)이라는 표현을 쓰고, 고객관리를 위한 전화는 코터시콜(Courtesy Call)이라고 부른다.

AI가 고도화된 사회에서 콜드콜은 필요 없어질까? 아니다. 더 중요해진다. B2C 세일즈의 대부분, 그리고 소액의 B2B 세일즈는 이제 AI 기반의 자동화된 솔루션으로 대체된다.

그러나 대규모의 세일즈에서 고객에게 전략적으로 접근하기 위한 콜드콜의 중요성은 더욱 커질 것이다. 자동화된 사회가 될수록, 사람에게 접근하고 사람을 만나고 설득하는 능력은 더욱 귀하고 값비싼 역량이 되기 때문이다. 또한 AI 기반으로 고객 정보를 관리할 수 있게 되면서 콜드콜의 효율성과 효과성은 더 높아지게 될 것이다.

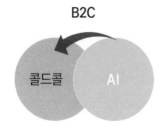

● 콜드콜에서 AI의 영향

B2C의 콜드콜은 AI로 대체되고, 대규모 B2B 사업에서 콜드콜은 AI에 의해 강화된다.

"

대규모의 세일즈에서 고객에게 전략적으로 접근하기 위한 콜드콜의 중요성은 더욱 커질 것이다. 자동화된 사회가 될수록, 사람에게 접근하고 사람을 만나고 설득하는 능력은 더욱 귀하고 값비싼 역량이 되기 때문이다.

"

2 콜드콜의 효과

① 솔루션에 대한 자신감과 조직에 대한 애정이 생긴다.

콜드콜의 가장 큰 효과이다. 고객과 시장을 확보하는 것보다 더 큰 효과이다. 콜드콜을 하다 보면 많은 학습을 하게 되고, 그 과정에서 솔루션에 대한 자신감을 얻게 된다. 영업대표가 솔루션을 확신해야 세일즈가 일어난다. 또한 본인이 몸담고 있는 조직에 대한 비전이나 애정이 없으면, 콜드콜을 할 수 없다. 역으로 콜드콜을 통해서 회사와 솔루션을 설명하다 보면, 더욱 애정이 생겨나게 된다.

② 구성원을 전문가로 만든다.

필자가 영업 조직 코칭을 하면서 알게 된 사실은, 한국의 영업대표 90% 이상, 심지어는 영업 조직의 리더들조차도 전문가영업(SBS)을 어떻게 하는지 막막해 한다는 점이다. 전문가영업의 핵심 스킬 중 하나가 콜드콜이다. 현장에서 콜드콜이 중요하냐고 물어보면 대부분 그렇다고 말하지만, 실제로 실행하고 있는 사람은 극히 소수이다. 왜 안 하느냐고 물으면, 대부분 어떻게 하는지 모르겠다고 답한다.

콜드콜이 성공하려면 고객을 설득하기 위해서 고객의 관심과 이슈를 이해해야 하고, 이를 자사의 솔루션과 연결할 수 있는 전문성이 있어야 한다. 여기서 전문성이란, 영업 전문성, 솔루션 전문성, 산업 전문성을 말한다. 지속적으로 콜드콜을 하면 내가 어떤 부분의 전문성이 부족한지 파악하게 되고, 이를 개선하면서 전문가로 성장해 가는 경험을 하게 된다.

③ 파괴력 있는 세일즈를 시작한다.

다시 강조하지만, 수주영업에서 유능한 영업대표의 기준은 분명하다. 신규 영업을 할 줄 아는가 여부이다.

신규 영업의 시작은 콜드콜이다. 콜드콜만 제대로 하면 그다음 전문가영업 프로세스는 자동적으로 진행된다. 어찌 됐든 고객을 만나게 되고 상담은 진행된다. 콜드콜을 통해서 만나게 된 고객을 대충 만날 리 없고, 미팅을 즉흥적으로 진행할 리 없고, 고객이 요청한 제안서를 대충 작성할 리 없다. '전문가영업 프로세스'에 저절로 노출되고, 전문가영업이 훈련되는 것이다. 전문가영업을 통한 신규 고객 확보는 건설적인 파괴력을 갖고 있다. 이 모든 것이 콜드콜에서 시작된다.

> **"다시 강조하지만, 수주영업에서 유능한 영업대표의 기준은 분명하다. 신규 영업을 할 줄 아는가 여부이다. 신규 영업의 시작은 콜드콜이다."**

3 AI 적용이 콜드콜을 더욱 효과적으로!

AI는 발전 속도가 너무 빠르고 적용 범위가 광범위해서 이제는 모든 산업의 모든 업무에서 활용이 일상화되고 있다. 현재 영업대표들이 AI를 직접 활용할 수 있는 분야는 ChatGPT로 대표되는 '생성형 AI'인데, 연속적인 대화를 통해 '구체적으로 생성된 지식'을 활용하는 것이다. 대체로 아래 영역에서 이미 활용되고 있다.

① 고객과의 관계 강화

AI는 고객 조직과 산업에 대한 지식을 비롯해 고객과의 상호작용 히스토리 등 사람이 줄 수 없는 방대한 정보에 기반한 가치를 제공한다. 실제로 생성형 AI를 사용해보면, 사내 CRM에 축적된 정보나 리서치 없이도 방대한 양의 고객 정보를 접할 수 있다.

필자 역시 고객 정보 파악을 위해서 일상적으로 생성형 AI를 활용하고 있다. 처음에는 기존의 웹서핑을 통한 리서치(구글링)와 유사해 보이지만, 대화를 통해 지식이 생성되고 구체화될수록 압도적으로 짧은 시간에 고객과의 관계 강화에 필요한 정보 수집과 의사결정을 할 수 있게 된다.

② 잠재 고객 식별 및 개인화된 메시지 개발

AI는 고객의 행동 데이터를 분석해 적합한 잠재 고객을 식별하고, 마치 자연인이 자연인에게 보내는 것처럼 개인화된 메시지 개발이 가능하다.

③ 실시간 콜드콜 피드백

콜드콜이 힘든 가장 큰 이유는 많은 거절 때문이다. AI는 기존에 영업대표가 숨가쁘게 진행하던 대화를 좀 더 수월하고 성공적으로 할 수 있도록 자동화된 스크립트를 제공한다.

콜드콜 진행 중 실시간으로 고객의 반응을 분석하고, 여러 대안 중에 최적의 다음 행동을 추천함으로써 성공률을 향상시킨다. 예를 들어, 반응이 수동적인 고객에게는 이메일 권유를, 고민하는 고객에게는 미팅 일정을 상의하는 방식으로 자동화된 대응을 가능하게 한다.

④ 콜드콜 전략 개발

생성형 AI가 딥러닝(Deep Learning)을 통해 콜드콜 과정에서 발생하는 다양한 데이터를 학습하게 되면, 더욱 정교하고 효과적인 콜드콜 전략을 개발하는 것이 가능해진다.

예를 들어, 사적 안부를 묻는 '라포 형성'이 필요하다고 공부했지만, 실제 데이터에 기반해서 판단해보니 그런 것 없이 바로 본론을 이야기했을 때 성공률이 더 높더라는 등의, 사람이 일으킬 수 있는 휴먼

에러(Human Error)에 대해 데이터에 기반해서 문제를 제기하고 개선안을 제시할 수 있을 것이다.

실제로 필자가 ChatGPT를 비롯한 생성형 AI를 사용해보면, 나의 경험과 지식에 기반한 판단과 반대 의견을 줄 때 가장 도움이 된다. 다른 의견은 나의 판단에 대해 각성하게 하고, 일을 기본부터 다시 생각하게 만든다.

SALES STORY

나의 콜드콜 이야기 1

필자는 창업 초기에 약 3년 정도 콜드콜을 직접 했다. 지금도 접근이 어렵거나 지위가 높은 고객(대표이사, 큰 프로젝트 담당 임원 등)은 내가 직접 하는 경우가 가장 효과적이다. 실패하는 경우가 없지는 않지만, 거의 필요한 고객과 접촉하고 미팅을 잡는 데 성공했다.

콜드콜에서 가장 중요한 것은 의사결정자에게 바로 접근하는 것인데, 대체로 비서나 실무자 선에서 제지되는 경우가 많다. 그럴 경우, 그 조직의 리더가 우리 솔루션을 아는 것이 얼마나 중요한지, 리더가 몰라서 겪게 될 어려움을 비서나 실무자인 당신이 책임질 수 있는지에 대해서 이야기한다. 이렇게 하면 의사결정자와의 연결에 실패하는 경우는 거의 없다.

나는 콜드콜을 정말로 중요하게 생각한다.

첫째, 콜드콜은 내게 건강한 긴장감을 준다. 콜드콜을 졸면서 하는 경우는 없다. 언제나 적절한 긴장감과 자연스러운 대화의 조화가 있어야 콜드콜은 성공한다. 둘째, 콜드콜을 통해서 CEO인 나도 성장한다. 콜드콜을 통해서 우리의 고객과 솔루션과 문제를 동시에 이해하게 된다. 늘 현장에 답이 있으니까. 셋째, 내가 고객을 설득하는 중심에 있을 때 직원/후배를 코칭하는 것이 가능하다. 콜드콜, 신규 영업을 할 줄 모르면서 관리자로 '영업관리'만 하고 있는 리더들이 구성원들의 성장과 문제 해결에 실질적인 도움을 주기는 쉽지 않다.

4 콜드콜의 원칙

① 두려움을 극복하라.

콜드콜을 방해하는 가장 큰 적은 자신의 부정적인 시각이다. 영업대표 스스로가 콜드콜을 '고객을 방해하는 일'이라고 치부한다. 두려움을 극복하는 유일한 방법은 솔루션에 대한 확신이다. 확신을 갖게 되면 전화하는 태도가 달라진다. 만약 고객이 1억 원을 투자해 10억 원의 이익을 갖게 된다는 내적 확신을 영업대표가 갖고 있다면, 태도는 바뀔 수밖에 없다. 이런 확신을 가지려면 솔루션에 대해서 전문가적인 수준의 이해가 필요하다.

그런데 영업대표 입장에서는 자사 솔루션이 경쟁사 솔루션과 별로 차별화되어 보이지 않는 경우도 많다. 영업대표는 확신보다는 그냥 자기가 속한 회사의 솔루션이기 때문에 파는 것이다. 이런 경우, 어떻게 확신을 가질 수 있느냐고 반문할 수도 있겠다.

이에 대한 답은 B/D(Business Development)에 있다. B/D란 고객에게 맞추어 솔루션을 개발해서 고객의 문제를 해결하는 것을 말한다. 업계의 솔루션 수준이 별반 다를 게 없어 보이는 분야일수록, 영업대표의 B/D 역할이 중요하다. B2B 영업의 핵심은 정해진 상품 / 서비스를 파는 것이 아니라, 고객의 문제 해결을 위해 솔루션을 개발하는 것이다. 즉 어려운 환경일수록 영업대표의 '전문성과 실력'이 차별화의 핵심이다.

> **"**
>
> **업계의 솔루션 수준이 별반 다를 게 없어 보이는 분야일수록, 영업대표의 B/D 역할이 중요해진다. 즉, 어려운 환경일수록 영업대표의 '전문성과 실력'이 차별화의 핵심이다.**
>
> **"**

② 계획을 세우고, 사전 리서치에 시간을 들여라.

공개된 정보를 고객에게 질문해서는 안 된다. 인터넷 등에 공개되어 있는 고객의 상황과 이슈를 이해하지 못하고 질문을 남발할수록 고객의 신뢰를 잃는다. 충분히 사전에 리서치해야 한다.

리서치의 시간을 줄이는 방법은 업종별/산업별로 범주화하여 접근하는 것이다. 왜냐하면 업종별/산업별로 비슷한 이슈를 가지고 있기 때문이다.

예를 들면, 한국의 대형 SI기업들이 가지고 있는 어려움은 다음과 같다.

- 대기업은 정부 조달 사업에 참여가 전면 제한되었다.
- 계열사 프로젝트는 '일감 몰아주기' 항목에 해당된다.
- 국내의 민간기업에서 발주하는 사업의 대부분은 최소한의 이익률도

보장이 안 된다.

- 해외로 진출해야 하지만, 국내 기업끼리 출혈 경쟁을 하거나 후진국 수준의 최저가 수주 방식으로 사업을 따낸다.

이 이슈는 대기업군의 SI / IT기업 대부분이 가지고 있는 공통점이다. 업종별로 유사한 이슈를 발굴하면 그 업종 전체를 정복할 수 있다. 따라서 업종별로 공략 계획을 세우면 효율 면에서 유리하다.

예를 들면, 1쿼터에는 건설업, 2쿼터에는 엔지니어링을 공략하기로 목표를 정하고, 해당 기업들의 명단과 조직과 담당자 데이터를 최대한 수집한다.

이때 주의사항이 있다.

- 첫째, 가급적 유관 산업으로 해야 한다.

예를 들면, 1쿼터 때 1금융권을 공략했고 소기의 성과를 냈다면, 2쿼터 때는 2, 3금융권을 공략하는 편이 관련 없는 건설업을 공략하는 것보다는 시간과 비용 측면에서 유리하다.

- 둘째, 계획과 달리 예상했던 성과가 나오지 않을 경우 빠르게 계획을 수정해야 한다. 말하자면 일종의 피보팅(Pivoting)이다.

예를 들면, 상반기 동안 건설업을 공략하기 위해서 계획을 세웠으나 1개월 정도 시도해보니 고객이 구매할 환경이 아니라는 점이 확인되었다면 다른 업종으로 계획을 수정하는 것이다. 일주일 정도 테스트

기간을 가지고 그 산업에 어떤 사업모델의 가능성을 확인했을 때, 콜드콜을 집중하는 것도 좋은 방법이다.

③ 연결고리를 찾아라.

사전에 고객에 대한 정보를 충분히 확보하여 고객에게 연락하게 된 이유, 고객의 핵심 이슈 등을 연결고리로 사용할 필요가 있다. 고객에 대한 정보가 부족하다면 산업동향, 고객의 경쟁사에 대한 언급으로 고객의 흥미를 이끌 수 있다.

고객을 개방적으로 만드는 방법은 우리 솔루션의 특장점을 설명하는 것이 아니라 고객의 이슈나 효용에 대해서 이야기하는 것이다. 고객의 태도를 긍정적이고 개방적으로 바꾸는 단 하나의 문장, 이것을 '흥미유발문'이라고 한다.

흥미유발문은 대상이 기술 전문가인가, 구매를 관리하는 행정가인가, 사용자인가, CEO인가에 따라 다르게 접근한다.

- 흥미유발문 사례

● CEO 대상

"동종업계에서 해외 사업 수주율 70% 기업의 사례를 아실까요?"

● 영업 조직 리더 대상

"요즘 높은 인건비 때문에 콜드콜을 아웃소싱해서 성과를 2배 혁신한 사례를 알고 계신가요?"

● 기술 전문가 대상
"높은 불량률로 인한 고객 불만은 정말 처리하기 힘들지요? 만약 하나의 솔루션으로 불량률을 50% 개선한 사례가 있다면요?"

사실, 영업대표가 연결고리로 가장 많이 사용하는 방법은 소개받은 사람을 이야기하는 것이다. 그러나 소개를 통한 접근은 실제로 해보면 효율적이지 않은 경우가 많다. 고객과 소개해준 사람과의 관계도 명쾌하지 않은 경우가 많고, 무엇보다도 이 접근 방법은 신선하지 않다. 오히려 차별화된 포지션을 약화시키는 위험이 있다. 가급적 전문성으로 정면 승부하는 방안을 찾는 것이 포지셔닝에 가장 유리하다.

④ 간단 명료하게 하라.

결코 일방적으로 시간을 끌어서는 안 된다. 준비되지 않은 고객에게 갑작스럽게 장시간의 대화 시간을 요구하는 것은 결례다.

자료를 충분히 준비하되 간단하고 명료하게 말해야 한다. 짧게 말하되 매력적이고 결정적인 내용을 명쾌하게 제시해야 한다. 이를 위해서 스크립트를 작성하고, 많이 연습할 필요가 있다.

여러 관점의 효용을 풍부하게 말하고 싶겠지만, 고객의 니즈를 정확히 모르는 상태이므로 고객의 관심과 초점이 어긋나거나 장황해질 위험이 있다.

콜드콜의 목적은 세일즈가 아니라 다음 단계이다. 솔루션을 장황하게 설명하기보다는 다음 단계의 기회를 얻는 것에 초점을 맞추어야 한다.

다만 유연할 필요는 있다. 고객이 높은 관심을 보일 때 서둘러 전화를 끝낼 필요는 없다. 고객이 추가적으로 알고 싶어하는 정보가 있고, 그 정보를 제시할 수 있다면 첫 접촉이라도 충분히 안내하면 된다. 그럴수록 고객의 니즈는 명확해지고 영업은 빠르게 진행된다.

⑤ Two-way Communication을 시도하라.

콜드콜의 목표는 세일즈가 아니다. B2C에서 하는 세일즈콜과 다르게 B2B에서 콜드콜의 목표는 '다음 단계(Next Step)'이다. 콜드콜에 성공했다는 것은 고객의 니즈에 기반해서 미팅이나 이메일 등, 그다음의 세일즈 활동으로 이동하게 되었다는 것을 의미한다. 우리가 하루에도 수없이 받는 세일즈콜처럼 무리하게 일방적인 설명을 진행해서는 안 된다.

만약에 "1분 정도 중요한 솔루션에 대해서 잠깐 말씀드리고 싶은데 괜찮으실까요?"라고 물었을 때, 고객이 "그 정도 시간은 가능합니다."라는 대답을 한다면 자연스럽게 쌍방향 대화가 진행될 것이고, 고객의 관심도 알 수 있게 될 것이다. 고객이 자신의 상황에 대해서 말하기 시작한다면 이미 콜드콜의 목표는 충분히 달성된 것이다. 반드시 쌍방향 대화(Two-way communication)를 하려고 노력해야 한다.

수주영업에서 가장 효과적인 설득은 고객의 니즈를 이해하고, 이를 해결하는 솔루션을 제시하는 것이다. 따라서 '영업대표가 파는 것'이 아니라 '고객 조직이 구매'를 할 수 있도록 돕는 것이 세일즈의 핵심이다. 쌍방향 대화가 중요한 이유이다.

> **콜드콜의 목표는 '다음 단계(Next Step)'이다. 콜드콜에 성공했다는 것은 고객의 니즈에 기반해서 미팅이나 이메일 등, 그 다음의 세일즈 활동으로 이동하게 되었다는 것을 의미한다.**

SALES STORY

콜드콜은 의사결정자에게 하라!

1) 의사결정의 시간을 획기적으로 줄여준다.

실무자로부터 시작된 접근은 시간이 오래 걸리고, 실무자를 설득하더라도 나중에 보면 의사결정자의 니즈가 달라서 시간만 소비하는 경우가 많다.

2) 의사결정력을 높여준다.

그가 의사결정자라면 당연히 의사결정력이 높아질 것이다. 만약 본인 대신 실무 담당자에게 의사결정을 지시할 수도 있는데, 이 또한 의사결정력을 높여준다. 상사로부터 검토 지시를 받은 솔루션과 팀원으로부터 보고를 받은 솔루션이 있다면 어떤 것부터 검토하겠는가?

3) 통화 성공률이 높아진다.

대규모 사업을 하는 저명한 인사에게 접근한 적이 여러 번 있다. 너무 높으면 사람들이 함부로 접근하지 않는다. 그래서 그들의 입장에서는 적극적인 접근이 오히려 신선하다. 생각해보라. 누가 장관이나 CEO에게 콜드콜을 하겠는가?

실제로 해보면 역설적으로 위로 올라갈수록 신규 영업을 하기가 쉽다. 실무자에게 매일 많은 영업대표가 찾아오지만 높은 직위의 의사결정자에게는 잘 찾아오지 않는다. 누가 성공률이 높겠는가?

P.S.

과거에는 조직이 위계적이라서 대체로 '높은 사람'이 의사결정자였지만, 현대의 조직은 많은 경우에 전문가/실무자에게 위임되어 있다. 또한 스타트업 기업의 문화 역시 빠른 의사결정을 위해서 실무자에게 많이 위임되어 있으므로, 기업마다 의사결정자는 직위가 다를 수 있다는 점을 유연하게 생각하고 파악해야 한다.

SALES STORY

나의 콜드콜 이야기 2

필자가 리더로 있었던 모든 영업 조직은 콜드콜 훈련부터 시작했다. 그래서 모든 영업대표는 콜드콜 역량을 갖추게 되었다.

기본 프로세스는 이렇다.

첫째, 스크립트를 작성하여 선배들의 피드백을 받는다.

둘째, 스크립트를 가지고 혼자 연습하고, 실제 고객에게 전화를 해본다.

셋째, 어느 정도 자신감이 생기면 선배들이 옆에서 실제 콜드콜을 관찰하고 피드백을 해준다.

대표인 내가 직접 코칭을 해줄 때도 있었다. 구성원들에게는 상당한 압력이 되지만, 실제 고객과 콜드콜을 하는 데 있어서는 엄청나게 도움이 된다.

5 콜드콜 스크립트

콜드콜 스크립트는 반드시 작성하라.

처음에는 기계적으로 스크립트를 적용하면서 시작하면 된다. 고객이 설령 눈치를 채더라도 숙련될 때까지는 스크립트를 이용하는 편이 낫다. 당연히 처음 콜드콜을 하는 신입직원들은 스크립트를 작성해서 많은 사전 훈련을 해야 한다.

상식과는 다르게, 경험이 많은 영업대표일수록, 또 전문가일수록 역설적으로 스크립트를 꼭 작성해야 한다. 전문용어를 남발할 가능성이 높기 때문이다. 업계에서만 통용되는 용어나 전문용어를 대중이 이해할 수 있는 쉬운 언어로 말하기까지는 상당히 많은 사전 연습이 필요하다.

작성 원칙은 다음과 같다.

- Clear : 누구나 이해할 수 있도록
- Concise : 간단하게
- Convincing : 설득할 수 있는 구체적인 내용으로
- Conversational : 구어체로
- Customer Oriented : 전문가 관점이 아니라 고객 관점에서 작성

> **경험이 많은 영업대표일수록, 또 전문가일수록 역설적으로 스크립트를 꼭 작성해야 한다. 전문용어를 남발할 가능성이 높기 때문이다.**

- 콜드콜을 할 때는 딱 2가지 목표만 생각하기

1차 목표	담당자의 이름, 메일주소, 직통 전화번호 받기
2차 목표	미팅 잡기

- 스크립트 구조

도입	본인 확인, 통화 가능 여부 확인, 통화 목적 설명
본론	핵심 내용 설명
마무리	통화 내용 요약, 추후 일정 확인, 마무리 인사

스크립트 사례 ①

도입	A증권의 전OO 상무님 맞으시지요. 저는 아웃소싱 주식회사의 김OO 팀장입니다. (흥미유발문) 제가 B증권의 IT 헬프데스크 아웃소싱 프로젝트를 통해서 30% 비용 절감을 달성했는데, A증권이 유사한 비용 절감 이슈로 고심 중일 것 같아서 전화를 드립니다. (대답 확인) 잠깐 전화 통화가 가능하신지요?
본론	간단히 솔루션을 소개드리자면, 현재 B증권에 구축한 저희의 헬프데스크 시스템은 PC-Help라는 자동화도구로, 영업점 업무의 75%를 차지하는 소프트웨어 문제를 원격으로 해결하고 있습니다. 이를 통해서, 만약 현재 20개 지점에 60명의 서비스 직원이 있다면, 40명의 인건비를 절약할 수 있게 됩니다. 초기 구축비용이 10억 원인데, 40명의 연간 인건비가 12억 원 정도라면 3년이 지나면 36억 원의 비용을 절약할 수 있게 됩니다. 10년이 지나면 110억 원 정도의 비용이 절약되어 시간이 지날수록 비용 절감 효과는 기하급수적으로 좋아집니다. 상무님, 솔루션에 대한 기술적 설명이 필요하시면 미팅이 가능합니다. 저는 다음주 화요일이나 목요일 정도에 일정이 가능합니다. 지금 구체적인 니즈나 이슈가 없으시면, 꼭 지금 만나지 않으셔도 되고요. (대답 확인)
마무리	네, 그렇게 구체적인 계획이 있다면 빨리 뵙는 것이 좋겠네요. 그럼 목요일 오전에 확인 전화 한번 드리고, 2시에 찾아뵙겠습니다. 바쁘신데 통화 시간을 허락해주셔서 진심으로 감사드립니다.

스크립트 사례 ② 고객 반응별 대응

아, 교육 담당자님 맞으시죠. 반갑습니다. 저는 Ace E-Learning의 김OO라고 합니다. 혹시 직원분들의 법정교육은 하고 계실까요?

A 대답 : 하고 있습니다.

대응 : 저희도 법정교육이 있는데요. 김OO, 박OO 씨나 아이돌 등, 연예인분들과 함께 만든 과정이고요. 관련해서 자료를 메일로 보내드리려고 하는데, 혹시 이메일주소가 어떻게 되실까요?

B 대답 : 하지 않고 있습니다.

대응 : 법정교육은 아시다시피 매년 필수인 과정이 있습니다. 저희는 매년 연예인들과 신규 과정을 만들고 있는데요. 올해는 강OO, 이OO 부부와 콘텐츠를 만들었습니다. 자료 보내드리려고 하는데, 이메일주소가 어떻게 되실까요?

C 대답 : 다른 곳과 하고 있습니다.

대응 : 아, 그럼 저희가 현재 하고 있는 법정교육의 리스트를 보내드리겠습니다. 기존 교육기관과 비용이나 콘텐츠를 비교하시는 데 도움이 많이 될 겁니다. 이메일주소가 어떻게 되실까요?

D 대답 : 무슨 일이시지요?

대응 : 저희는 기업전문 교육기관인데요. 임직원분들의 직무교육을 온라인이나 오프라인 상관없이 정부 지원제도를 활용해서 무료로 활용할 수 있는 방법이 있어서요. 관련해서 안내해드리려고 하는데, 혹시 이메일주소가 어떻게 되실까요?

연습 : Cold Call

스크립트 작성 원칙을 적용해 실제 고객에게 회사의 솔루션을 소개하는 스크립트를 작성하고 연습하기(가능하다면 동료들과 함께 해보기)

구분	진행 내용	스크립트
도입	√ 본인 확인 √ 통화 가능 여부 √ 통화 목적 설명	
본론	√ 핵심 내용 설명	
마무리	√ 통화 내용 요약 √ 추후 일정 확인 √ 마무리 인사	

콜드콜(Cold-Call)

① 왜 콜드콜인가?
② 콜드콜 효과
③ AI 적용이 콜드콜을 더욱 효과적으로!
④ 콜드콜 원칙
⑤ 콜드콜 스크립트

고객 미팅

① 미팅 프로세스 이해
② 미팅 계획 수립
③ 미팅 플래너
④ 미팅 전 자기 강화
⑤ 미팅 후 팔로업
⑥ 계약 후 팔로업

고객과의 대화

① 대화 들어가기(Opening)
② 경청하기
③ 질문하기
④ 설득하기
⑤ 거절 극복하기
⑥ 대화 마무리하기(Closing)

가치 제안

① 전문가영업과 가치 제안
② 효과적인 가치 제안
③ 고객 유형에 따른 가치 제안
④ 가치 제안을 위한 솔루션 개발

| 고객 미팅 |

1 미팅 프로세스 이해

미팅의 전체적인 프로세스는 다음과 같다.

1단계 '조사'	● 미팅 목적 : 고객의 구매 단계 및 미팅 목적 정의 ● 미팅 목표 : 목적을 충족시키기 위해 달성할 목표 기술 (ex. 목적 : 고객의 구매 평가 기준 설정 / 목표 : 시장의 솔루션 리스트업) ● 고객 분석 - 고객의 비전 - 고객의 재무 상태(매출 / 수익, 단위 사업의 규모) - 고객의 의사결정 프로세스 - 고객의 주요 이슈 - 미팅에 영향을 미칠 변수 - 고객의 다음 단계 의사결정 사항
2단계 '준비'	● 미리 준비해야 할 사항 - 토의 주제(Agenda) - 영업대표인 내가 해야 할 질문(Questionnaire) - 고객의 예상 질문(구매 장애요인)
3단계 '미팅'	● 고객의 문제에 대한 고객의 인식을 파악 ● 고객이 인식하고 있는 니즈와 효용의 이해
4단계 '팔로업'	● 고객과 합의한 사항과 다음 단계 실행 ● 팔로업을 위한 고객과 소통(이메일, 전화/문자) ● 미팅 결과 검토 및 레슨 런(실행은 계획 시 세운 목표와 일치했는가?)

미팅 계획 수립 2

B2B 세일즈에 있어서 모든 고객 미팅은 '전략적이고 계획적'이어야 한다. 모든 미팅은 고객의 구매 행위에 가치를 주고 도움이 되어야 한다는 뜻이다. 따라서 미팅 전에 반드시 고객에 대한 정보를 파악하고 고객의 구매 단계에 맞는 준비를 해야 한다.

① 목적의 명확화

목적이 분명하지 않으면 고객을 만났을 때 대화의 초점을 잃기 쉽다. 고객 미팅의 목적은 고객의 구매 단계별 니즈에 따라 결정된다. 또한 목적에 따라서 준비해야 할 사항도 달라진다.

- 고객의 니즈를 청취하기 위한 미팅인지,
- 고객의 니즈를 구체화하기 위한 미팅인지,
- 자사의 제품 / 솔루션을 제안하기 위한 미팅인지,
- 고객의 구매 장애요인을 극복하기 위한 대안 찾기 미팅인지, 목적을 명확히 해야 한다.

미팅의 목적이 분명해야 고객은 미팅의 효용을 느껴서 다음에도 미팅을 하는 데 주저하지 않을 것이다. 영업대표 입장에서도 고객을 만날 수 있는 시간은 매우 한정되어 있으므로 만날 만한 가치가 있는 고객인지 시간낭비를 하는 건 아닌지 분명히 판단하고, 그만한 가치가 있다면 철저하게 준비해야 한다.

니즈 정의	● 고객의 목표와 이슈는 무엇일까? ● 고객에게 어떤 문제가 있는가? ● 얼마나 큰 문제인가? ● 조치가 필요한가 ?
솔루션 검토	● 고객이 구매 의사결정에 필요한 기준들은 무엇인가? ● 어떤 공급업체가 고객의 기준에 가장 잘 맞는가?
구매 결정	● 구매에 있어서 위험요소는 무엇인가? 만약 구매가 잘못된다면 감당해야 할 것은? ● 고객이 어떻게 공급업체를 신뢰할 수 있을까?
구매 실행	● 이 결정으로 고객은 어떤 가치를 얼마만큼 창출할 수 있는가? ● 얼마만큼 빠른 결과를 볼 수 있을까?

● 고객의 구매 단계별 미팅 목적 설정

고객의 구매 단계에 따라서 구체적인 니즈는 진화한다. 이 니즈의 변화에 대응하는 것이 미팅의 주요 목적이다. 고객의 구매 단계에 따라서 미팅의 목적을 분명히 설정해야 한다.

> **B2B 세일즈에 있어서 모든 고객 미팅은 '전략적이고 계획적' 이어야 한다. 따라서 미팅 전에 반드시 고객에 대한 정보를 파악하고 고객의 구매 단계에 맞는 준비를 해야 한다.**

② 고객에 대한 이해

수주업에 있어서 고객이란 담당자 개인이 아니라 조직이다. 모든 미팅은 개인적인 관계 형성을 위한 것이 아니라 고객 조직을 대표하는 사람과 만나는 것이다. 따라서 고객에 대한 정보 수집이 필요하다.

미팅을 위해 사전적으로 조사해야 하는 내용은 다음과 같다.

- 고객이 속한 산업의 이슈는 무엇인가?
- 고객 조직의 환경 변화와 주요 이슈는 무엇인가?
- 고객 조직에서 관련 사업의 최근 구매 현황은?

고객 조직이나 사업 관련 내용에 대해서 사전 준비가 되지 않으면 고객과의 대화를 자연스럽게 이끌기 어렵다. 담당자의 업무, 경험, 취향 등, 개인에 대한 정보도 대화를 자연스럽게 하는 데 도움이 되는 양념이다. 그러나 핵심은 담당자 개인이 아닌 고객 조직에 대한 이해이다.

③ 고객을 둘러싼 경쟁 환경 이해

우리가 경쟁자보다 우위인가, 백중세인가, 열위인가에 따라서 고객에 대한 접근 방식은 달라진다. 고객을 둘러싼 우리와 경쟁자의 포지션을 결정하는 것은 단순한 '친밀도'가 아니다.

포지션을 결정하는 것은,

- 기존 사업 경험 유무
- 프로젝트 개입 시점 등이다.

기존 사업 경험이 많을수록, 그리고 프로젝트 개입 시점이 경쟁자보다 빠를수록 포지션은 높아진다.

경쟁자가 고객의 기존 공급업체인 경우, 경쟁자에 대한 고객의 충성도가 매우 높은 경우, 경쟁자가 전혀 없는 경우, 몇몇의 경쟁자가 백중세인 경우 등, 다양한 상황에 대한 준비가 필요하다.

예를 들어, 경쟁자에 대한 고객의 충성도가 매우 높은 경우, 고객이 우리에게 아무리 호의적이라도 경계할 필요가 있다. 경쟁자가 이미 우위를 점하고 있으므로 특별하고 주의 깊은 접근이 필요하다. 고객이 우리의 정보를 경쟁자에게 알려줄 가능성이 있기 때문이다. 반대로 경쟁자보다 우리가 우위에 있을 경우에는, 경쟁자의 주요 정보를 고객을 통해서 습득할 수 있다.

④ 무엇을 말하고 들을 것인가?

미팅의 목적을 명확히 하고, 고객과 경쟁 환경에 대한 이해를 하고 나면, 무엇을 말하고 들을지 구체적인 내용을 계획해야 한다.

미팅 전에 반드시 결정해야 할 것은,

- 어떤 메시지를 줄 것인가?(Sending Message)
- 어떤 정보를 습득할 것인가?(Collecting Information)이다.

상황에 따라 무엇을 아젠다로 대화를 이끌어 갈 것인지를 미리 준비하지 않으면, 대화가 중구난방으로 흘러가게 되고 영업대표는 준비되지 않은 사람으로 인식된다. 영업은 전문가의 입장에서 상담하고 문제를 해결하는 과정이다. 철저히 준비가 된 영업대표와의 미팅에서, 고객은 안심하고 자신의 고민을 이야기하고 적절한 솔루션을 제시해 주기를 기다리게 된다.

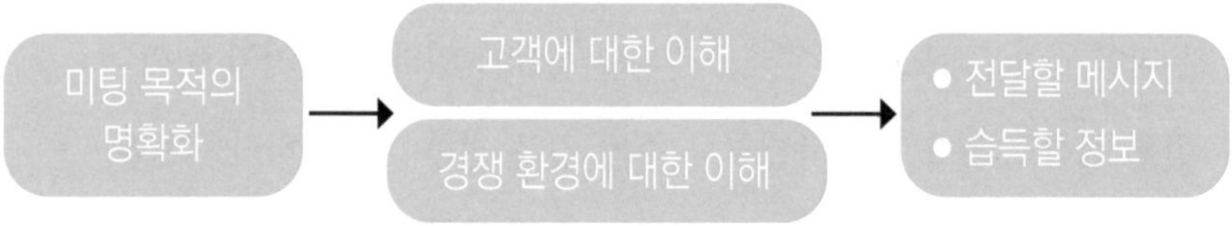

● 고객 미팅 사전 준비

미팅 목적이 결정되면 미팅 준비를 위해 고객과 경쟁자에 대한 정보를 수집한다. 미팅 준비의 핵심은 전달할 메시지와 습득해야 할 정보를 사전에 계획하는 것이다.

"

미팅 전에 반드시 결정해야 할 것은, 어떤 메시지를 줄 것인가?(Sending Message), 어떤 정보를 습득할 것인가?(Collecting Information)이다.

"

SALES STORY

"가는 길에 들렀다."고 말하지 마라

전문가인 당신이 고객을 만날 때는 목적이 분명해야 하고, 그 목적은 매우 중요해야 한다.

모 건설회사의 구매팀장이 의미심장한 이야기를 들려주었다. 그의 보직상 많은 공급업체의 사장들이 이분을 만나고 싶어하는데, 막상 미팅에서 마음이 상할 때가 종종 있다고 한다. 왜 만나러 왔냐고 물어보면, "D건설회사 가는 길에 들렀다."고 말하는 경우가 많다는 것이다. (심지어 D건설회사는 규모가 비슷한 경쟁사이다.)

당신과 당신의 고객은 매우 중요한 사람들이고, 그래서 두 사람이 만나는 미팅 역시 매우 중요해야 한다는 사실을 잊지 말자.

3 미팅 플래너

미팅 플래너는 고객 미팅 준비에서부터, 실행, 팔로업까지 전 과정에서 활용해야 세일즈 성과에 유용하다.

① Plan : 미팅 플래너로 고객 미팅을 준비한다.

- 고객 정보 정리 : 현재 알고 있는 고객의 정보를 모두 정리한다. 이때 주의할 사항은 고객의 정보는 항상 불완전하다는 점이다. 부족하면 부족한 대로 작성하면 된다.
- 토의 목록 정리 : 고객과 논의해야 할 주제(Agenda)를 정리한다.
- 질문 사항 정리 : 고객으로부터 알아내야 할 정보를 질문 형태로 정리한다.
- 고객의 예상질문(구매 장애요인) 대응 준비 : 고객으로부터 질문이나 저항이 예상되는 사항을 미리 추측해보고, 이에 대한 대안을 준비한다. 이런 준비는 영업대표가 당황하지 않도록 하며, 고객에게는 준비된 전문가라는 인식을 심어주는 효과가 있다.

② Do : 미팅 플래너로 고객 미팅을 진행한다.

사전에 준비한 토의 순서와 질문 목록을 가지고 미팅을 진행한다.

미팅 중 고객으로부터 얻은 정보는 가급적 토씨 하나 빼놓지 말고, 작성할 것을 권한다. 필요하다면 보디랭귀지까지도 메모한다. 메라비언 법칙(The Law of Mehrabian)에 의하면, 비언어적 메시지의 영향력(음성, 외모)은 93%로 언어적 메시지의 영향력(말의 내용) 7%보다 훨씬 강력하다.

③ See : 미팅 플래너로 고객 미팅을 팔로업한다.

미팅 내용을 확인해서 수행해야 할 업무와 고객에게 이행해야 할 약속을 정리한다. 이때 고객 정보를 수주계획서(Capture Plan)에 체계적으로 정리하는 것이 중요하다.

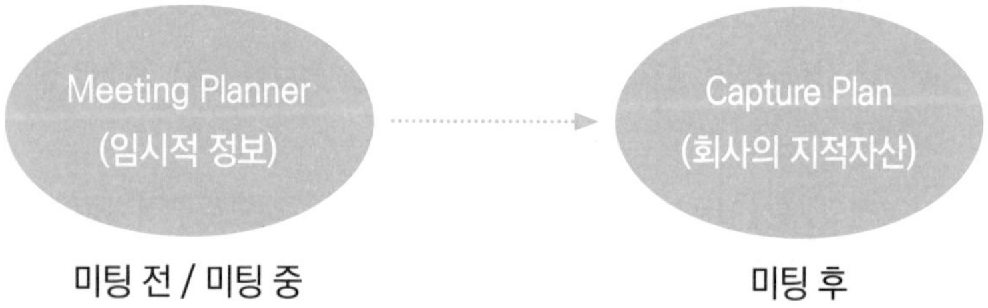

● Meeting Planner와 Capture Plan

미팅 플래너는 고객 미팅을 준비하고 진행하는 도구로 사용한다. 고객의 정보를 체계적으로 우리 회사의 지적자산으로 이전하기 위해서는, 미팅 플래너의 임시적 지식을 캡처 플랜으로 옮겨야 한다.

미팅 플래너 예시

고객사/담당자 : 평창군/김OO 계장

미팅 목적 : 고객의 핵심 니즈 파악

사업명 : 2030년 평창 올림픽 차량 구매 사업

Plan 미팅 전 작성

토의할 주제

✓ 제안사 제품/솔루션 소개 : 현재 시중 차량 중 가장 소음이 적은 차량

✓ 경쟁사 제품/솔루션 대비 차별점 소개 : 소음에 있어서 가장 전문성이 높은 기업

질문할 리스트

✓ 올림픽 일정에 맞춰야 한다는 기사가 나왔는데, 정확한 납기 일정은?

✓ RFP에 제시될 소음 기준치는 국제 기준인가?

✓ 이번 차량 구매에서 가장 중요하게 생각하는 것은?

✓ 구매 의사결정에 참여하는 부서는?

✓ 유사사업(2018년 올림픽) 때 구매 상황과 구매 시 아쉬웠던 점은?

예상되는 고객의 질문/구매 장애요인

고객의 질문/장애요인	고객의 질문/장애요인
1) 비싼 가격의 이유	1) 비싼 가격 관급사업의 성격상 가격보다는 적기 공급의 중요성 강조
2) 공급 일정에 차질이 생길 확률	2) 공급 일정 당사만이 여분 부품을 충분히 확보하고 있으므로 공급 일정에 차질 없음을 강조

Do 미팅 중 작성

고객 구매 관련 정보(산업 동향, 구매 히스토리, 의사결정 구조)

- ✓ 유사 제품 구매 경험자가 팀 내에 없음
- ✓ 부장님과 사업관리팀이 의사결정

고객의 이슈

공식적

- ✓ 이번 사업에서 중요한 것은 엔진 소음을 줄이는 기술력
- ✓ 올림픽 일정에 맞춘 납기 중요

비공식적

- ✓ 소음이 중요한 이유는 평창군 거주민의 민원 때문
- ✓ 올림픽 개최보다 먼저 도착하는 선수단 일정에 맞춘 납기
- ✓ 국제적 행사이기 때문에 국산 부품 사용 중요 (자사의 차량 부품을 외국제로 쓴다고 오해하고 있음)

Next Step	기한
✓ 최근 3년간의 납품 실적 자료, 이메일 전달	내일까지
✓ 제안서(소음 레벨 인증서 포함), 이메일 전달	내일까지

회의록(속기록 공간)

- ✓ 가장 중요한 건 일정
- ✓ 공급 일정 밀리면 택시 대절비가 소요됨
- ✓ 계속 다리를 꼬고 적대적 태도를 유지 했으나, 차량 부품 100% 국산 언급 후 태도가 호의적으로 바뀜
- ✓ 가격이 비싸다는 이야기가 상당히 불편해 보임
- ✓ 의사결정단과 추가 미팅 요청

See 미팅 後 작성

개선점

✓ 공공조직의 경우 국산 부품이 큰 장점이 되는 것을 간과함

Action Plan

✓ 다음 미팅 때 국산 부품이라는 것을 증빙할 수 있는 부품리스트 출력해 가기

미팅 전 자기강화 4

과거에는 중요한 미팅을 앞두고 자기를 강화하는 대표적인 기법이 "I will ~ (나는 ~을 할 수 있다.)"을 반복하는 것이었다. 이를 자기암시, 자기강화 문장이라고 한다.

그러나 최근 연구*에 의하면, 자기강화문보다 더 효과적인 것이 '자기질문'이다.

I will ~ (나는 ~~을 할 수 있다.)이 아니라,

Will I ~ (내가 ~~을 해낼 수 있을까?)가 더 효과적이다.

필자가 실제로 이 기법을 적용해보니 정말로 효과가 있었다.

"나는 이번 세일즈 피치를 잘할 수 있을까?"

"나는 이번 강의를 잘해낼 수 있을까?"

"나는 이번 컨설팅을 잘해낼 수 있을까?"

* 주)

서던미시시피대학의 켄지 노구치(Dr. Kenji Noguchi) 박사 외 2인의 공동 연구

● 자기강화 vs 자기질문

억지스럽게 "나는 할 수 있다."라고 자기강화를 하는 것보다, 오히려 차분히 스스로에게 질문해보는 것이 효과적이다. 자기질문은 오히려 더 강한 자기강화 효과가 있고, 부족한 부분에 대해서 대안적으로 준비할 수 있게 해준다.

이러한 질문을 고요히 한 후 스스로 답을 해보면,

- 과거에 잘했던 경험이 떠오르면서 자연스럽게 자기강화가 된다.
- 한편으로는 과거에 부족했던 상황도 생각난다. 이럴 경우, 스스로에게 대안을 코칭하면서 진정한 자신감 강화가 가능해진다.
- 또한 이 일을 하는 동기와 목적에 대해서 생각하게 된다. 사람들은 외부 압력이 아니라 내적 동기와 자발적인 선택에 의해 동기 부여될 때 최고의 성과를 내게 된다.

고객 미팅이나 중요한 프레젠테이션을 앞두고, 자기강화가 필요할 때면 조용한 곳에 가서 스스로에게 질문을 던져보자!

미팅 후 팔로업 5

① 미팅 피드백

미팅에서 도출된 내용을 요약하여 고객에게 전달하고 향후 진행 계획에 대해서 인식시킨다. 미팅 내용 요약 전달 및 고객과의 약속 이행은 가급적 24시간 이내에 시행하고, 전화와 이메일을 함께 사용한다. 요즘은 전화까지는 아니더라도 반드시 문자로라도 확인해야 한다. 이메일은 향후 추가 미팅의 기반이 된다.

② 약속 이행

미팅에서 고객에게 관련 정보나 자료를 제공하기로 합의했다면 반드시 지켜야 한다. 이행이 불가능하다면, 약속 자체를 하지 말아야 한다.

약속 일정은 불명확하게 하지 말고 정확한 날짜와 시간을 정하여 제시해야 한다. '최대한 빨리'와 같은 애매한 표현은 적절치 않다. 고객이 이렇게 표현하는 경우에도 구체적인 시간을 제시하여 정확하게 일을 처리한다는 인상을 심어주어야 한다.

실제 자료를 제공할 때에는 약속 일정보다 조금 당겨서 제공하는 것이 좋다. 시간 약속을 반드시 지키는 영업대표에게 고객은 신뢰감을 갖는다.

③ Account Plan & Capture Plan

고객관리는 두 가지 측면에서 진행할 필요가 있다. 고객의 기본사항에 대한 관리와 고객으로부터 창출할 수 있는 사업 기회에 관한 관리를 이원화하는 것이다.

- Account Plan : 특정 고객 기업/조직, 의사결정자, 담당자에 대한 정보
- Capture Plan : 특정 고객의 특정 사업을 수주하기 위한 정보 수집 도구로, 이에 기반해서 수주전략(Capture Strategy) 개발

Capture Plan을 잘 관리하면 고객도 미처 생각하지 못했던 제3의 비즈니스 개발이 가능하다.

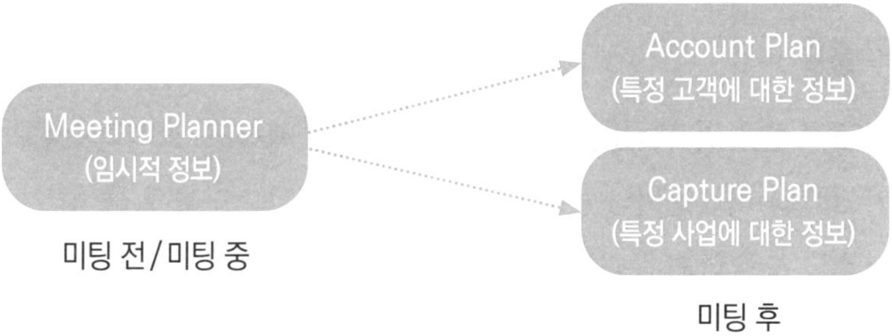

● 미팅 후 정보 관리

미팅을 통해 취득한 정보 중 고객 조직에 대한 일반적 정보는 Account Plan에, 특정 사업에 대한 정보는 Capture Plan에 옮겨 적는다.

④ 고객에 대한 지속적 관심

고객의 산업, 경쟁 환경 등 관련된 정보의 흐름을 주시하고, 이를

기반으로 고객과 자연스러운 대화와 미팅의 기회를 만들고 이어나간다. 대화 주제가 없을 경우, 고객과의 관계 형성에 더이상의 진전이 어렵게 된다. 따라서 고객의 관심을 자극하는 정보를 습득하는 것이 중요하다.

- 고객에 관한 정보의 흐름을 주시한다.
- 일정한 대화 주기를 유지한다.
- 고객의 관심 사항을 자극한다.

고객 관리의 핵심은 특별한 사업이 없을 때라도 '정기적으로' 고객의 어려움이나 문제가 없는지 확인하고, 도울 일을 찾으려고 노력하는 것이다.

> **"**
> **고객 관리의 핵심은 특별한 사업이 없을 때라도 '정기적으로' 고객의 어려움이나 문제가 없는지 확인하고, 도울 일을 찾으려고 노력하는 것이다.**
> **"**

⑤ 포지셔닝 계획

영업대표는 자신과 자신의 회사를 고객에게 어떻게 포지셔닝할 것인가 고민해야 한다. 포지셔닝에 따른 고객의 인식은 향후 사업에 지대한 영향을 미치기 때문이다. '솔루션'에 대한 고객의 인식과 '영업대표'에 대한 고객의 인식, 두 가지 축으로 접근해야 한다.

– 솔루션에 대한 인식

자사만이 가지고 있는 '핵심 차별화 요소'를 지속적으로 부각해 그것을 중심으로 포지셔닝한다. "현재로서는 인건비를 30%까지 절약하는 유일한 자동화 솔루션입니다."

핵심 차별화 요소(Discriminator)란, 경쟁사는 가지고 있지 않은데(Differentiator), 고객이 중요하게 생각하는(Importance) 우리 솔루션의 어떤 특징을 말한다.

– 영업대표에 대한 인식

고객이 영업대표의 전문성을 매우 높게 인식하도록 만들어야 한다. 고객이 자신들의 이슈를 안심하고 영업대표에게 상의하고 기댈 수 있도록 해야 한다. 그러기 위해서는 고객보다 정보와 전문성에서 앞서가야 한다.

고객이 나를 'IT기업 영업대표'로만 인식하면, 구매 계획이 확정되고 나서 연락한다. 그러나 나를 'IT 솔루션 전문가'로 인식하면, 구매 계획이 확정되기 전에 우선 나부터 찾는다. 자료 요청도 하고, 현재 문제점도 분석해 달라고 하고, 다른 솔루션도 알아봐 달라고 할 것이다. 굉장히 귀찮은 일이지만 거기에 잠재적 세일즈 기회가 숨어 있다.

계약 후 팔로업 6

① 고객의 새로운 니즈 대응

계약을 체결하고 나면 고객은 또 다른 니즈가 생기므로 이에 적극적으로 대응한다.

계약 전후에 고객의 니즈는 진화한다. 예를 들어, IT시스템 구축 계약을 했다면, 고객은 해당 지식을 이전받아야 하고 이를 요구할 수 있다.

② 고객의 우려 대처

고객의 우려를 무시하지 말고 적극적으로 대처해야 한다.

계약 이전까지 고객은 앞으로 얻을 효용에 집중한다. 그러나 계약 이후에는 자신들의 계약이 적절한 판단이었는지, 자신들이 모르는 위험은 없는지 염려하게 된다. 이에 적극적으로 대처하지 않으면, 고객은 얼마든지 계약을 취소할 수 있다.

③ 계약 관련 담당자들의 어려움 해결

계약과 관련된 담당자들의 어려움을 해결할 수 있도록 도와주어야 한다.

계약과 관련된 여러 조직의 담당자들은 저마다 다른 니즈를 갖고 있다. 사용자 부서는 빠른 납기를, 구매 부서는 적절한 가격 조정의 니즈를 갖고 있을 수 있다.

④ 소개를 요청하고 유도하라.

고객은 계약을 하고 나면 자신의 구매를 염려한다. 그러나 한편으로는 자신의 구매가 잘된 것임을 확인하는 방법으로 다른 곳에 솔루션을 소개한다. 이 얼마나 역설적인가? 한편으로는 염려하지만, 소개로 이 염려를 해소한다.

따라서 이때 고객에게 질문하는 것이 중요하다. 앞에서 배운 효용 질문(Needs pay-off)과 함께 솔루션 소개를 요청하는 것이다.

"사내에 다른 공장이나 다른 부서에 소개해줄 곳이 있습니까?"

"소개해줄 다른 회사가 있을까요?

고객은 질문하고 요청해야 알려준다는 점을 명심하라. 알아서 챙겨주는 경우는 많지 않다.

SALES STORY

계약이 체결되었다고 방심하면 안 된다

자동차 구매를 계약하고 나면 사람들의 마음은 바뀐다. 계약하기 전에 고객들은 새 차에 대한 로망과 기대감으로 현실적인 이슈들을 무시하거나 간과한다.

그러나 계약을 하고 돌아온 고객들의 상당수는 앞으로 매달 내야 할 할부금과 보험료, 유류비, 세금 계산에 머리가 아파 온다. 구매가 결정되면 그 때부터 고객은 현실적인 이슈들에 직면하게 된다.

이때 세일즈맨의 적극적인 대응(비용이 충분히 합리적이라는 점에 대한 구체적인 설명 등)이 없으면, 계약 해지가 상당히 발생한다.

B2B 세일즈도 상황은 마찬가지다.

실제로 필자는 매출 4조 원 정도의 자동차부품업 기업에 컨설팅을 세일즈하고, 이후에 계약이 취소되는 경험을 한 적이 있다. 영업 프로세스를 개선하기 위한 이 컨설팅은 해외 유학파인 유능하고 젊은 임원이 주도했는데, 다른 임원들(선대 회장과 일을 했던 시니어 임원들)의 반대가 심했다. 이 젊은 임원은 현 CEO의 지지를 받고 있었지만, 계속 컨설팅을 고집했다가는 다른 임원들과 팀워크가 깨지는 것을 염려해 계약 해지를 결심하게 된 것이다.

계약이 체결되었다고 방심하면 안 된다!

CHAPTER 3.
전문가
영업의
핵심
스킬

콜드콜(Cold-Call)

① 왜 콜드콜인가?
② 콜드콜 효과
③ AI 적용이 콜드콜을 더욱 효과적으로!
④ 콜드콜 원칙
⑤ 콜드콜 스크립트

고객 미팅

① 미팅 프로세스 이해
② 미팅 계획 수립
③ 미팅 플래너
④ 미팅 전 자기 강화
⑤ 미팅 후 팔로업
⑥ 계약 후 팔로업

고객과의 대화

① 대화 들어가기(Opening)
② 경청하기
③ 질문하기
④ 설득하기
⑤ 거절 극복하기
⑥ 대화 마무리하기(Closing)

가치 제안

① 전문가영업과 가치 제안
② 효과적인 가치 제안
③ 고객 유형에 따른 가치 제안
④ 가치 제안을 위한 솔루션 개발

| 고객과의 대화 |

1 대화 들어가기(Opening)

미팅을 할 때, 프로는 오프닝과 클로징을 하고 아마추어는 하지 않는다. 왜 그런가? 아마추어는 본인 할 말을 하기에 바쁘기 때문이다.

오프닝과 클로징은 고객을 배려한 장치로서, 미팅이 소기의 목적을 달성하도록 도와준다. 오프닝을 통해 라포를 형성하고, 토의 아젠다와 시간 계획을 공유한 다음에 미팅을 시작한다. 또 대화가 끝나면 클로징을 한다. 고객과 논의한 내용을 요약해서 공유한 후, 고객이 다음에 어떤 행동을 해야 할지 안내한다.

먼저, 오프닝에 대해 알아보자.

① 상담 시작 전에 반드시 공감대(라포, Rapport)를 형성하라.

공감대 형성은 필수조건이다. 공감대 형성에 실패하면 세일즈에 실패하기 때문이다. 공감대라 함은, '감정을 공유하는 것'이다. 사람은 24시간 정서적인 존재임을 이해하자.

과거에 해외(미국, 유럽)에서 교육을 받을 때 통상 추천하는 라포 형성 방법은 유머와 스몰토크(Small Talk)였다. 그러나 요즘의 세태와는 맞지 않는 경우도 많다. 처음 만난 사람에게 아재개그를 하는 것은 모험이고, 스몰토크는 잘못하면 사생활 침해의 가능성이 있기 때문이다.

추천하는 전문가영업의 성공적인 라포 형성 방법은, 고객 조직의 이슈나 고객이 속한 산업의 이슈를 논의하는 것이다.

필자는 피인수를 앞둔 방산기업의 연구원들과 미팅을 할 기회가 있었다. 미팅에 앞서 "귀사의 군함 제조 실력은 월드클래스라서 어느 기업에 합병되어도 구성원의 미래는 밝다고 봅니다."라고 위로를 했다. 이때 고객들이 눈에 띄게 좋아했던 기억이 있다.

정리하면 라포 형성의 주제는,

- 고객 기업에 대한 구체적인 이야기
- 해당 산업에 대한 이야기
- 스몰토크(유머 또는 개인사)는 가능할 때만 사용한다.

공감대가 형성되면 고객은 마음의 문을 열고, 영업대표는 공동으로 문제를 해결하기 위한 동반자가 된다. 고객과 편안하게 관계를 형성하게 되고, 초기의 긴장감이 해소되어 쌍방이 주제에 몰입할 수 있게 된다.

주의할 부분은, 오프닝은 길지 않게 짧게 해야 한다는 점이다. 주객이 전도되면 안 된다. 짧고 긍정적인 인사와 공감대를 형성하면 바로 본론으로 들어가야 한다. 영업대표는 중요한 토의 아젠다를 가지고 온 전문가임을 망각하면 안 된다.

② 상담 시작 전에 긍정적 분위기를 조성하라.

밝은 분위기로 시작하고, 긍정적인 언어를 사용하자. 본론으로 들어가서 전문적인 이야기를 하다 보면 곧 진지해지고 심각해지기가 쉽기 때문이다. 초기에 긴장감을 풀지 못하면 시간이 지날수록 상담은 더 딱딱해지고 영업대표는 더 긴장하게 되니, 상담 시작 전에 밝고 긍정적인 분위기를 형성하는 것이 바람직하다.

첫째, 웃어라. 편안하게 진심으로 마음을 밝혀 웃을 수 있으면 최상이다. 그것이 어렵다면 애써서라도 웃는 것은 도움이 된다. 심리학자들은 억지 웃음도, 마음을 70% 정도는 밝게 만든다고 말한다.

둘째, 긍정적인 언어를 사용하라. 상쾌한 날씨, 즐거운 뉴스, 멋진 사람 등, 긍정적 감정 교류가 긍정적 분위기를 만든다. 예를 들어, 같은 주제라도, '담배 끊기'가 아니라 '금연의 성공'이라는 언어를 사용하는 것이다.

셋째, 칭찬하라. 상대의 인상이나 말투 등을 세심하게 관찰하다가 칭찬할 점이 발견되면 놓치지 말고 재빨리 칭찬하는 것이 좋다. 이를 위해서는 상대에 대한 진지한 관심과 관찰이 필요하다.

한편으로, 요즘은 외모나 사적인 이슈를 건드리지 않도록 매너를 갖추는 일이 중요해졌다. 지나친 관심은 무관심보다 못하다는 것을 잊지 말자.

경청하기 2

Talk less, Listen more!

세일즈 훈련 전문가 크리스 오롭(Chris Orlob)은 AI를 기반으로 B2B 세일즈맨 25,537명을 분석했다. 그 결과 성과가 탁월한 영업대표들은 평균적으로 상담 시간의 43%를 말하는 데 사용하고, 성과가 저조한 영업대표들은 64%를 말하는 데 사용했다.

데이터를 보면 말을 적게 할수록, 듣기를 많이 할수록 성과가 좋아지는 것으로 나타난다. 따라서 말하기 훈련보다 더 중요한 것은 경청과 질문 훈련이다.

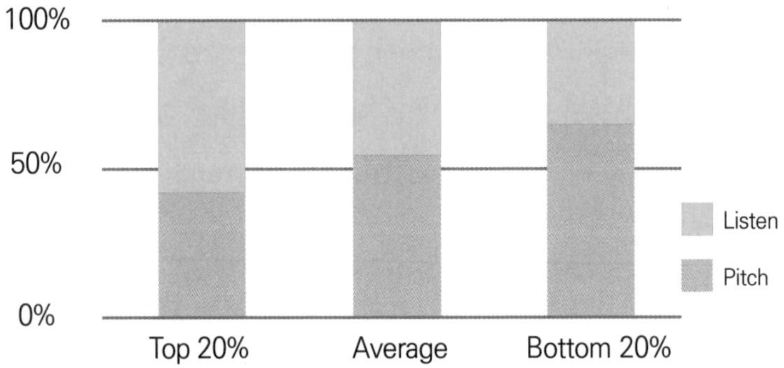

● 영업대표들의 말하기와 듣기 비율

크리스 오롭(Chris Orlob), CEO at pclub.io (출처 _《Shut up & Listen》)

① 경청의 어려움

세일즈 현장에서도 잘 말하기보다 잘 듣기가 더 어렵다. 영업대표가 경청이 어려운 이유는 세일즈 강박증 때문이다. 고객을 설득하기 위해서 다음에 할 말과 대응 논리를 준비하느라 정작 고객과의 미팅에서 가장 중요한 경청의 기회를 놓쳐버린다.

그런데 말하는 사람과 듣는 사람 중 대화를 주도하는 사람은 누구일까? 형식적으로는 말하는 사람이 주도하지만, 실제로는 듣는 사람이다. 왜냐하면, 들어야 정보를 파악해서 다음 단계로 대화를 진전시킬 수 있기 때문이다. 하지만 말을 많이 하는 고객 입장에서는 스스로가 대화를 주도하고 있다고 착각할 것이다.

세일즈맨의 경청에서 가장 중요한 것은 '고객 관점'이다. 고객 관점이란, 세일즈맨의 관점에서 벗어나는 것, 즉 관점의 변화(Change Perspective)이다. 이는 일반인들이 말하는 '적극적 경청' 또는 '공감적 경청'과 다른 말이다. 태도의 문제가 아니라 '생각하는 능력', 즉 좌뇌의 영역이라는 점이다. 고객의 말을 잘 들으려면 고객의 관점에서 '생각'하는 능력이 있어야 한다.

> **"말하는 사람과 듣는 사람 중 대화를 주도하는 사람은 누구일까? 형식적으로는 말하는 사람이 주도하지만, 실제로는 듣는 사람이다. 왜냐하면, 들어야 정보를 파악해서 다음 단계로 대화를 진전시킬 수 있기 때문이다."**

옆에 동료가 있다면 다음의 E-test를 해보자.

서로 마주본 상태에서 자신의 이마에 영어 대문자 E를 써본다. 어떤 이는 상대편이 읽을 수 있도록 상대편의 관점을 이해(Taking Perspective)하고 글자를 쓴다. 이것은 세일즈를 하는 사람에게는 매우 기본적이면서 핵심적인 역량이다.

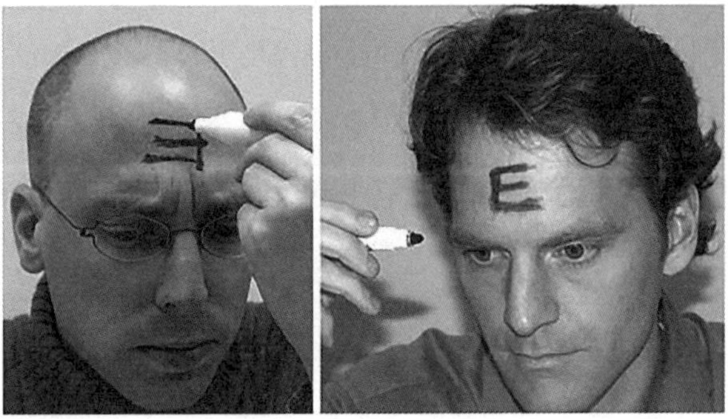

● E-test

관점의 변화(Taking Perspective)가 되는 사람은 읽는 사람의 입장에서 대문자 E를 쓴다. 고객의 관점으로 사물을 보는 것, 기본적이지만 핵심적인 역량이다. (이미지 출처 _ www.danielpink.com)

고객 관점으로의 전환, 즉 사는 사람의 입장이 되는 것은 생각보다 어려운 일이다. 왜냐하면, 우리는 본질적으로 파는 사람이기 때문이다. 따라서 고객 관점을 견지하는 각별한 노력이 필요하다.

예를 들어, 영업대표들이 가장 많이 하는 실수가 고객은 아직 자신들의 니즈를 정확히 모르는데 솔루션을 설명하는 경우이다. 생각해보

라. 고객이 어디가 아픈지도 모르는데 진통제의 성분과 가격을 이야기하고 있다면 어떻겠는가!

수주컨설팅 세일즈를 할 때 똑같은 실수를 저지르는 직원들을 많이 경험했다. 컨설팅이 도움될지도 아직 확신을 못 하고 있는 고객에게 컨설팅 프로세스와 비용을 설명하고 있는 것이다. 이 고객에게 우선 필요한 것은, 동일한 업종에서 잘하고 있는 기업과의 수주율을 비교하고 수주율 개선에 대한 필요를 공감하는 것이다.

> **"**
>
> **영업대표가 경청이 어려운 이유는 세일즈 강박증 때문이다. 예를 들어, 영업대표들이 가장 많이 하는 실수가 고객은 아직 자신들의 니즈를 정확히 모르는데 솔루션을 설명하는 경우이다.**
>
> **"**

② 경청으로 얻는 이익

경청으로 가는 첫 번째 길은, 경청의 유익을 제대로 이해하는 것이다.

– 신뢰 구축

고객의 말에 집중하면 고객은 나를 신뢰한다. 왜냐하면, 경청하는 태도는 고객의 입장에서 무엇을 팔기 위해서가 아니라, 내 문제를 해결하기 위해서 듣고 있다는 인상을 주기 때문이다.

- 경쟁우위 확보

고객의 이야기를 많이 들을수록 더 많은 정보를 얻게 되어, 내가 제공하는 상품, 서비스, 솔루션에 이를 반영할 수 있다. 경청을 할수록 고객은 점점 더 많이 말하고 싶어하고, 그렇게 되면 공식적인 니즈뿐만 아니라 비공식적인 니즈 또는 Pain point까지 이야기 한다. 그 결과, 경쟁자보다 더 나은 제안을 할 수 있게 된다.

- 장기적인 관계 형성

경청을 통해서 고객을 잘 이해하게 되면, 고객과 장기적인 파트너 관계에 유리해진다. 왜냐하면, 고객은 새로운 세일즈맨을 만나서 또다시 상황과 니즈를 설명하는 데 자원과 시간을 소비하는 것보다는, 자신들을 이미 잘 이해하고 있는 파트너를 선호하기 때문이다. 물론 이 정도 단계가 되면, 비즈니스 관계를 넘어서 인간적 친밀감으로 만남을 이어 가는 경우도 많다.

③ 경청 훈련

경청은 중요한 만큼 어렵다. 경청이 어려운 이유는 '세일즈 강박증' 때문이다. 질문을 통해서 고객이 마음의 문을 열고 자신의 이야기를 하기 시작할 때, 대부분의 영업대표는 고객에게 집중하는 모양새를 취하지만, 사실은 이미 다음 단계 설득의 논리를 머릿속에서 개발 중이다. 따라서 효과적인 경청 기술은 '세일즈 강박증'을 극복하는 기술이다.

필자의 경험에 따르면, 아래 제시하는 경청 기술은 쉬우면서도 바로 효과를 볼 수 있다. 훈련하고, 적용하라.

– 1단계 : 고객의 말을 따라하기

첫 단계는, (몸으로) 기계적으로 따라 하는 것이다.

- 고객 : "매출이 작년 대비 20% 줄었어요."
- 영업대표 : "매출이 작년 대비 20% 줄었다는 겁니까?"

이는 가장 낮은 수준의 기법이지만, 적어도 고객의 말을 놓치지 않고 따라 가는 효과가 있다.

– 2단계 : 고객의 말을 요약하기

두 번째 단계는, (머리를 써서) 요약하기이다. 들은 고객의 말을 요약하거나 재해석하는 것을 말한다.

- 고객 : "매출이 떨어지니까 적자가 누적되고 있어요. 경비를 줄이느라 연봉도 동결되고, 비용도 못 쓰게 하니 직원들의 사기도 말이 아니고요."
- 영업대표 : "아. 매출 감소에, 적자 누적에, 직원들 사기 저하까지 3중고네요."

이는 듣는 영업대표가 대화의 맥락을 놓치지 않게 할 뿐만 아니라,

말하는 고객에게도 이야기의 맥락을 환기시키는 효과가 있어 대화의 효율성을 높인다.

- 3단계 : 고객의 말에 공감하기

가장 높은 수준은, (마음으로) 공감하기이다.

- 고객 : "매출이 떨어지니까 적자가 누적되고 있어요. 경비를 줄이느라 연봉도 동결되고, 비용도 못 쓰게 하니 직원들의 사기도 말이 아니고요."
- 영업대표 : "매출 감소에, 적자 누적에, 직원들 사기 저하까지 3중고네요. 그렇게 되면 영업 부서에 있는 OO님은 CEO만큼 중압감을 느끼시겠네요."

공감은 가장 높은 수준의 적극적 경청이라고 한다. 그러나 공감이 동의를 의미하는 것은 아니다. 정서적 유대감을 유지하면서 얼마든지 다른 의견을 낼 수 있다는 뜻이다.

- 고객 : "CRM을 월 단위로 구독하니까 비용이 꽤 많이 나가더라고요."
- 영업대표 : "정말 그래요. 요즘은 개인들도 Netflix부터 시작해서 매달 내는 돈이 꽤 되지요. 기업들도 MS Office 구독부터 시작해서 마찬가지고요. 그런데 CRM이 전 세계적으로 구독이 계속 늘어날 수밖에 없는 이유는, CRM을 사용했을 때의 효과에 대한 연구와 보고가 많기 때문이지요. 통상 25% ~ 40% 정도 매출이 늘어나고 있다고 하

고요. 특히 생성형 AI가 장착되면서 매출 증가율도 더 급격해지고 있다고 하네요."

반복, 요약, 공감, 이 기술을 대화 때마다 사용해야 하거나 차원 높은 기술을 쓸수록 좋다는 뜻은 아니다. 대화의 맥락에 따라 적절하게 섞어서 사용하는 것이 가장 자연스럽고 효과적이다.

SALES STORY

경청은 효과적인 세일즈 기술이다

우리는 살면서 많은 코치들을 만난다. 그들 입장에서는 우리가 고객이다. 그들의 코칭을 받으면서 일관되게 깨닫는 것은, 적극적 경청이 세일즈 성공 여부에 결정적이라는 점이다.

내게는 두 명의 코치가 있다.
한 명은 탁구 코치로 60대 후반의 남성이다. 열정적이고 성실하지만, 늘 코칭을 받고 나면 살짝 아쉬운 생각이 든다. 코치님은 나를 만나면 계속 교정을 해주려고 한다. 문제는, 그러다 보니 설명하는 시간이 길어지고, 코칭 포인트를 내가 몸으로 다 체득하기도 어렵다. 내게 더 필요한 것은 이론이 아니라 코치님과의 충분한 연습시간이다. 아쉬운 점은 내가 이런 니즈를 말씀드려도 잘 이해를 못 하고, 다음에 만나면 또 많은 것을 가르쳐주려고 한다.
다른 코치는 필라테스 선생님이다. 30대 여성인 이분은 나이에 맞지 않게 아주 노련하다. 이분의 특기는 진단과 경청과 설득이다. 첫 미팅 날 1시간 가까이 내 몸을 진단하고, 내가 필라테스를 하려는 목적을 경청하고, 계획을 짜서 공유했다. 그뿐 아니다. 수업을 시작할 때면 늘 컨디션을 묻는다. 또 주말에 러닝은 얼마나 했는지, 오늘 몸의 아픈 부분은 어디인지를 빠르게, 그러나 빠트리지 않고 묻는다. 또한 질문만 하는 것이 아니라 내가 이야기한 내용을 수업 내용에 반영한다. 내 몸 상태가 심각한 경우에는 근육운동을 일부 포기하고, 마사지로 대체하기도 한다. 짧은 50분의 수업이지만 정말 만족스럽고 감사한 마음이 든다.

이 두 경험을 통해서 컨설턴트로서 나는 많은 반성을 한다.

나는 고객의 말을 얼마나 예민하게 자세히 듣고 있나?

질문하기 3

성공적인 영업은 고객이 구매를 주도하고, 이를 영업대표가 적극적으로 컨설팅하고 코칭하는 것이다. 따라서 가장 중요한 것이, 고객이 주도하는 대화를 할 수 있도록 고객에게 적절한 질문을 던지는 것이다.

세일즈 상담 시 질문을 잘하면 고객의 잠재 니즈를 명확하게 파악하게 된다. 또한 고객이 구매를 통해서 스스로 문제를 해결하는 주체가 되게 만든다. 실제로 영업대표들을 관찰해보면, 저성과자는 말하기를 고민하고, 고성과자는 질문을 고민하는 것을 볼 수 있다.

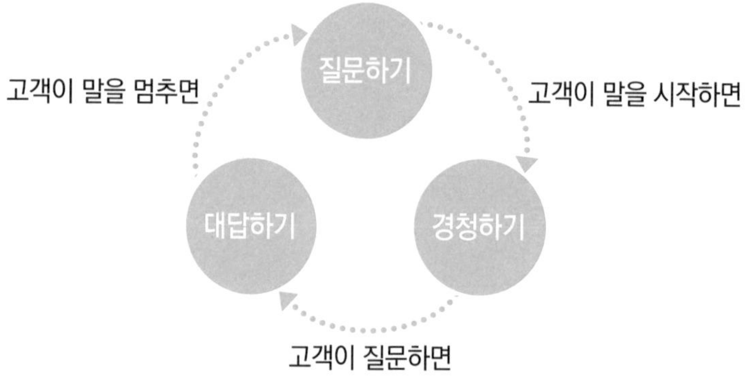

● 고객 주도형 대화 방식

고객이 대화를 주도하게 한다. 고객이 맥락을 잃거나 말을 멈추면 그때는 적절한 질문을 하고, 고객이 질문하면 정확히 대답한다.

> **성공적인 영업은 고객이 구매를 주도하고, 이를 영업대표가 적극적으로 컨설팅하고 코칭하는 것이다. 따라서 가장 중요한 것은, 고객이 주도하는 대화를 할 수 있도록 고객에게 적절한 질문을 던지는 것이다.**

SPIN 질문법

세일즈에서 질문이 중요하다는 사실은 누구나 공감하지만, 닐 라컴(Neil Rackham) 이전에는 체계적인 연구가 없어서 다음과 같은 일반적인 가이드만 있었다.

> "질문은 두 가지 형태가 있다. 폐쇄형 질문(Closed Question)과 개방형 질문(Open Question)이다. 폐쇄형은 "예.", "아니오."나 사지선다형으로 대답할 수 있는 질문을 말하고, 개방형은 주관식으로 대답을 요청하는 질문을 말한다. 고객을 처음 만나면 대답하기 쉽게 '폐쇄형 질문'을 사용하고, 친밀해지면 고객이 대화의 주체가 되도록 '개방형 질문'을 사용하라."

그러나 닐 라컴은 처음으로 고성과자들의 질문 패턴을 분석해 이를 SPIN 질문법으로 정리했고, 세계 최초로 세일즈 효과성에 대한 리서치를 기반으로 한 책을 썼다. 그 전까지 모든 세일즈 책은 '나는 판매왕이 이렇게 됐다.' 식의 개인적 경험에 대한 이야기가 전부였다.

필자는 현장에서 여러 질문의 원리를 적용한 결과, SPIN(S. 상황 질문/P. 이슈 질문/I. 영향 질문/N. 효용 질문) 질문법이 정보 수집과 고객과의 의사소통에 있어서 강력한 힘을 발휘하며 세일즈 성과에 긴밀하게 연결된다는 점을 경험했다. 닐 라컴의 책, 《세일즈에 SPIN을 걸어라(Spin Selling)》에서 제시한 질문법에 필자의 경험을 반영해 활용법을 안내한다.

SPIN 질문법의 핵심은, 구매 단계별로 고객의 니즈가 변화하고 있다는 사실을 이해하고, 각 단계별로 고객과의 미팅 목적과 성격에 맞는 질문을 하라는 것이다.

- 니즈 정의 단계

고객이 자신들의 니즈를 정확히 모를 때는, 니즈를 정의할 수 있도록 상황 질문(Situational Question)과 이슈 질문(Problem Question)을 한다.

- 솔루션 검토/구매 결정 단계

솔루션을 알아보고(솔루션 검토), 구매를 결정할 때(구매 결정)는 문제의 심각성(영향력)을 이해할 수 있도록 영향 질문(Implication Question)과 솔루션의 효용을 이해시키는 효용 질문(Needs pay-off Question)을 한다.

– 솔루션 적용 단계

마지막 솔루션 적용 단계에서도 고객이 구매의 확신을 지속할 수 있도록 효용 질문(Needs pay-off Question)을 한다.

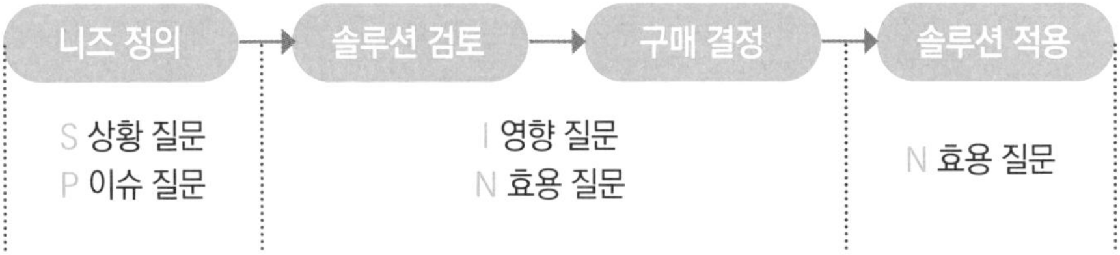

B2C 세일즈, 또는 구매단가가 적거나 솔루션이 단순한 경우에는 상황 질문(Situational Question)과 이슈 질문(Problem Question)만 잘해도 세일즈가 일어난다. 규모가 큰 대형 세일즈(주로 B2B 세일즈)에서는 고객이 문제의 심각성(영향력)을 잘 모르거나 솔루션의 효용(영향력)을 잘 알기 어려우므로, 영향 질문(Implication Question)과 효용 질문(Needs pay-off Question)을 통해 고객이 성공적인 구매를 할 수 있도록 코칭, 컨설팅하는 것이 핵심이다.

4가지 종류의 세부 질문법에 대해서 자세히 알아보자.

① S : 상황 질문(Situational Question)

고객의 목표와 배경을 구체적으로 이해하기 위한 질문이다.

그런데 주의할 점이 있다. 영업대표 입장에서 고객의 상황을 이해하기 위해 정보가 필요하겠지만, 고객은 일일이 설명하느라 지칠 수 있다는 점이다. 그리고 영업대표의 전문성에 대한 신뢰도가 떨어질 수도 있다. 실제 통계적으로도 경험이 적은 세일즈맨은 상황 질문을 남발하고, 상황 질문을 남발할수록 세일즈 실패 가능성은 커진다.

선배 영업대표들이 후배 영업대표들과 동행 방문을 할 때 가장 긴장하는 순간이, 후배 영업대표들이 기본적인 질문을 남발할 때이다. "뭐 만드는 회사에요?", "직원이 몇 명이예요?", "매출이 어느 정도인가요?"

고객 입장에서 어떤 세일즈맨이 와서 이런 질문을 남발한다면, 그 사람과 계속 비즈니스를 논하고 싶겠는가? 상황 질문은 공식적으로 드러나지 않은 상황이나 이슈를 찾아내기 위해서 활용할 수 있다. 하지만 공식적인 정보, 인터넷에 노출된 정보에 대한 질문은 해서는 안 된다.

- 매일 출고할 수 있는 주문량은?
- 신설한 공장의 가동 시기는?
- 관리 담당자가 방문 관리해야 할 대리점의 평균 수는?
- 퇴직연금을 추가적으로 더 납부하고 있는 직원의 비율은?

② P : 이슈 질문(Problem Question)

고객이 목표 달성에 위협이 된다고 판단하는 이슈를 파악하기 위한 질문이다. 이슈는 긍정적일 수도 있고 부정적일 수도 있다.

예를 들어, 정체되어 있는 기업에서는 부정적인 이슈가 많겠지만 성장하고 있는 기업에서는 긍정적인 이슈가 많을 것이다.

- CEO가 요구하는 회사의 매출 성장률은?
- 정시 출고에 대한 만족도는?
- 개장 지연으로 인한 피해는?
- 직원 보험급여 인상으로 인한 회사의 손실은?

SALES STORY

이슈 질문은 소형 세일즈에서 중요!

닐 라컴(Neil Rackham) 팀의 연구 결과에 따르면, 소형 세일즈(규모가 작은 세일즈, 단품 판매)에서는 이슈 질문만 해도 세일즈가 자동으로 일어난다.

'두통엔? 게보린!' 위대한 광고다. 두통약을 살 때 게보린과 펜잘의 성분이나 가격을 비교하는 경우는 거의 없다. 그냥 '두통엔 게보린'을 먹는다. 심지어 설득된 소비자는 "두통약 주세요."라고 하지 않고, "게보린 주세요."라고 한다.

SALES STORY

고객의 이슈에 대한 이해

고객이 이슈를 표현하는 방법은 다양하지만, 대체로 부정적이다.

Problem, Pain Point, Agony 등.

그래서 이슈(Issues)라는 중립적인 표현을 사용하는 것이 더 적합하다. 이슈는 긍정적인 것과 부정적인 것으로 나뉜다. 긍정적 이슈를 '동기(Motive)'라고 하고, 부정적 이슈를 '문제(Problem)'라고 한다.

이슈를 부정적인 문제로만 이해했을 때, 고객의 성장 이슈 또는 긍정적인 이슈들을 찾는 데 실패할 수 있다.

따라서 다음과 같이 긍정적인 이슈와 부정적 이슈를 동시에 파악하는 것이 필요하다.

- 준비할 수 있는 시간에 비해서 발표 시간이 너무 길었다.(부정적)
- 인력은 10% 줄이고, 고객은 20% 늘리는 시스템을 개발해야 한다.(부정적)
- 놓친 기회가 너무 많다.(긍정적)
- 신제품 개발과 출시에 걸리는 시간이 너무 길다.(부정적)
- 미수금이 계속 늘어나고 있다.(부정적)
- 제안 성공 확률이 너무 낮다.(부정적)
- 작년 매출 성장률보다 10% 더 높은 성장을 하고 싶다.(긍정적)

③ I : 영향 질문(Implication Question)

이슈의 영향력이나 중요도를 판단하기 위한 질문이다.

- 이 이슈로 인한 기회비용은 얼마인가?
- 이 이슈로 인해 갖게 되는 영향력이나 위험이 있다면 무엇인가?
- 영향력을 금액 또는 다른 척도로 정량화할 수 있는가?

영향력 질문은 영업대표가 영향력을 파악하기 위한 목적도 있지만, 고객이 영향력을 깨닫게 하기 위한 목적이 더 크다.

첫째로, 이슈 자체만 알고 있는 고객이 이 이슈의 심각성을 깨닫게 한다.

둘째로, 고객은 영업대표가 제시하는 솔루션의 비용보다 이슈로 인해 부담해야 하는 비용이 더 크다는 사실을 자각함으로써 구매의 시급성을 깨닫게 된다.

따라서 대형 세일즈의 복잡한 솔루션일수록 영향 질문은 중요하다. 특정 이슈를 명확히 알고 있는 고객도 그 이슈가 얼마만큼 큰 부정적/긍정적 영향력을 주는지는 모르는 경우가 많기 때문이다.

- 새로운 경영 방침을 적용할 경우, 사업에 미치는 영향은?
- 기계 작동 시 불량품을 발견할 경우 발생하는 결과는?
- 지연 선적이 발생했을 때 계약서에 명시된 지연 배상금은?
- 매일 1000대의 출고차를 실은 수출전용선이 운행되지 않을 경우 발생하는 매출 감소액은?

④ N : 효용 질문(Needs pay-off Question)

솔루션을 통해서 이슈를 해결했을 때 얻게 되는 효용을, 고객이 확인하도록 만드는 질문이다. 효용이란, 고객의 니즈가 해결된 상태(Needs pay-off)를 말한다. 효용에 관한 질문은 고객이 스스로 효용을 생각하고, 이해하고, 자신들의 언어로 표현하게 해야 한다.

그 이점은 다음과 같다.

- 고객 조직의 관점과 맥락 속에서 그들의 언어로 효용이 제시될 수 있다. 즉, 고객 조직 내 다양한 부서와 개인들로부터 효용에 대한 공감을 이끌어낼 수 있다.
- 고객은, 세상에 완벽한 솔루션은 없고 적절한 솔루션만이 있다는 점과 자신에게 적절한 솔루션이 최고의 효용을 제공한다는 점을 깨닫는다.
- 공급업체의 영업대표가 없을 때도, 고객 조직의 관련자들이 조직 내 다른 구성원들에게 효용을 설명할 수 있게 된다.

영향 질문과 마찬가지로 솔루션이 복잡할수록 효용 질문은 중요하다. 고객이 효용을 인식하고 있다고 하더라도, 대부분 얼마만큼 좋은 것인지는 구체적으로 따져보지 않기 때문이다.

- 주문에 걸리는 시간을 하루로 단축한다면, 세일즈에 어떤 영향이 있는가? 재고 수준은? 현금 흐름은?
- 공사 일정을 3개월 단축할 수 있다면, 예상되는 비용 절감액은 얼마인가?
- 소프트웨어 문제 해결을 자동화한다면, 예상되는 인건비 절감액은 얼마인가?

S 상황 질문	**고객의 목표와 배경을 구체적으로 이해한다.** ● 매일 출고할 수 있는 주문량은? ● 신설한 공장의 가동 시기는? ● 관리 담당자가 방문 관리해야 할 대리점의 평균 수는? ● 퇴직연금을 추가적으로 더 납부하고 있는 직원의 비율은?
P 이슈 질문	**고객이 목표 달성에 위협이 된다고 판단하는 이슈를 파악한다.** ● CEO가 요구하는 회사의 매출 성장률은? ● 정시 출고에 대한 만족도는? ● 개장 지연으로 인한 피해는? ● 직원 보험급여 인상으로 인한 회사의 손실은?
I 영향 질문	**이슈의 중요성에 대한 고객의 이해를 돕는다.** ● 새로운 경영 방침을 적용할 경우, 사업에 미치는 영향은? ● 기계 작동 시 불량품을 발견할 경우, 발생하는 결과는? ● 지연 선적이 발생했을 때, 계약서에 명시된 지연 배상금은? ● 매일 1000대의 출고차를 실은 수출전용선이 운행되지 않을 경우, 발생하는 매출 감소액은?
N 효용 질문	**우리 솔루션이 주는 효용에 대한 고객의 이해를 돕는다.** ● 주문에 걸리는 시간을 하루로 단축한다면, 세일즈에 어떤 영향이 있는가? 재고 수준은? 현금 흐름은? ● 공사 일정을 3개월 단축할 수 있다면, 예상되는 비용 절감액은 얼마인가? ● 소프트웨어 문제 해결을 자동화한다면, 예상되는 인건비 절감액은 얼마인가?

● SPIN 질문의 예시

질문을 통해 고객과 영업대표가 함께 문제를 파악하게 된다.

<table>
<tr><th>고객 단계</th><th>단계별 고객의 전형적인 관심사</th><th>영업대표의 일반적인 실수</th><th>해야 할 질문 유형</th></tr>
<tr><td>1
니즈
정의</td><td>● 우리의 목표는?
● 우리에게 어떤 이슈가 있는가?
● 이슈는 얼마나 큰가? 조치가 필요한가?</td><td>● 고객의 니즈를 확인하고 정의하는 데 실패함
● 솔루션을 너무 빨리 제시함</td><td>상황 질문 (S)
이슈 질문 (P)</td></tr>
<tr><td>2
솔루션
검토</td><td>● 의사결정 시 필요한 기준들은 무엇인가?
● 어떤 업체가 우리의 기준에 가장 적합한가?</td><td>● 고객의 의사결정 기준을 파악하지 못함
● 고객의 기준을 바꾸려는 노력을 하지 않음</td><td rowspan="2">영향 질문 (I)
효용 질문 (N)</td></tr>
<tr><td>3
구매
결정</td><td>● 프로젝트를 진행하는 데 있어서 위험 요소는 무엇인가?
● 프로젝트가 잘못될 경우의 결과는?
● 우리가 이 사람들을 신뢰할 수 있을까?</td><td>● 고객의 우려가 사라질 것이라 기대하며, 문제를 무시함
● 고객의 결정을 재촉함</td></tr>
<tr><td>4
솔루션
적용</td><td>● 이 결정으로 가치를 얻을 수 있을까?
● 결과는 언제 확인할 수 있는가?</td><td>● 계약 단계를 다음 판매 기회로 삼는 데 실패함
● 솔루션 세팅 시 취약한 부분을 예측하는 데 실패함</td><td>효용 질문 (N)</td></tr>
</table>

● 구매 결정 프로세스

영업팀은 고객의 구매 결정 프로세스를 이해하고, 각 단계에 필요한 질문과 정보 수집을 할 수 있을 때 성공 확률을 높일 수 있다.

연습 : 세일즈 질문 개발

1. 실제 진행 중인 본인의 신규 사업 혹은 신규 고객 중 하나를 정한다.
2. 바람직한 세일즈 행동을 정의한다.
3. 각 단계별로 고객에게 해야 할 질문을 개발한다.
4. 각 질문이 S, P, I, N 중 어디에 속하는지 표시한다.
   (ex. 이 아웃소싱을 통해 경영진이 원하는 비용절감 규모는? → S)

고객 단계	바람직한 판매 행동	세일즈 질문 개발
1 니즈 정의		(S) (P)
2 솔루션 검토		(I) (N)
3 구매 결정		(I) (N)
4 솔루션 적용		(N)

4 설득하기

① 솔루션의 '가치 또는 효용'을 분명히 밝혀라.

"설득력 = 솔루션의 특징(Feature) + 고객에게 주는 효용(Benefit)"

효용이란, 고객의 니즈가 해결된 상태를 말한다.

예를 들어, 머리가 아픈 사람에게 필요한 것은 '통증이 사라지는 것'이다. 전달하고자 하는 솔루션의 특징이 고객의 효용과 관련이 있어야 하고, 구체적이며 정확해야 하고, 이해하기 쉬워야 한다.

ex.
특징 : "3단계 축소된 온라인 예약 시스템을 통해"
효용 : "공항 이용객의 주문 처리 시간을 40% 단축시킵니다."

고객에게 주는 효용은 다음과 같은 방법으로 강조함으로써 설득력을 더 높일 수 있다.

- 데이터를 사용하여 정확성과 신뢰도를 높인다.
- 자신의 주장뿐만 아니라 제3자의 증언이나 증거를 활용한다.
- 실 사례를 들어 쉽게 설명한다.

② 증거를 제시하라.

솔루션의 특징과 고객의 효용을 말하는 것만으로 끝나서는 안 된다. 고객의 신뢰를 얻기 위한 증거를 제시해야 한다. 증거는 사전에 철저히 검증되고, 계획적으로 준비된 것이어야 한다.

증거는 세일즈 주체로부터 독립적일수록 신뢰도가 높아진다. 이렇게 고객의 신뢰도가 높은 제3자의 증언이나 증거를 IVP(Independently Verifiable Proof, 독립적으로 검증된 자료)라고 한다.

예를 들어, 쉬플리 아시아 지사는 컨설팅을 통한 고객 사업의 수주율을 매년 밝히는데, 저명한 회계법인의 감사를 거침으로써 IVP로 만들어 고객의 신뢰도를 높인다.

ex.
쉬플리 아시아 지사 고객의 수주율 82%, 수주 금액 43조 원
(audited by Ernest Young)

증거의 설득력이 높은 순서는 다음과 같다.

① 기존 고객 의견 〉② 독립적인 기관의 평가 〉③ 내부 자료

ex.
① 기존 고객 의견 : "내가 타본 차 중에서 최고입니다."
② 독립적인 기관의 평가(IVP, Independently Verifiable Proof) : "이 차는 북미의 OO연구소에서 안전도 A+ 등급을 받았습니다. 벤츠 S시리즈는 한 단계 낮은 A등급입니다."
③ 내부 자료 : "화성시에 소재한 연구소에서 자체 테스트 결과, 최고 등급의 평가를 받았습니다."

③ 긍정적 메시지에 부정적 메시지를 섞어서 말하라.

영업대표의 긍정적인 언어는 상대의 적대적인 마음을 상쇄시키고, 개방적이고 수용적인 태도로 만드는 효과가 있다. 그렇다고 해서 100% 긍정적인 말만 하는 것은 오히려 신뢰를 떨어뜨릴 수 있다.

일반적인 대화에 있어서도, 긍정적 용어(감사, 만족, 흥미)만 사용하는 것보다 부정적인 용어(분노, 당황, 죄책감)를 10~30% 가량 섞어서 사용할 때, 사람들은 더 행복감을 느낀다는 연구가 있다.(Barbara Fredrickson 교수, Marcial Losada 교수의 '웰빙' 연구)

세일즈 미팅 시에 제품에 대한 긍정적인 메시지만 주기보다 부정적인 측면도 함께 제공하면, 고객은 영업대표를 더 신뢰하게 된다.

예를 들어, 자사 제품의 장점을 충분히 설명한 후, "자사 제품의 문제가 아직은 좀 비싸다는 거예요."라고 단점을 덧붙여준다.

> **"세일즈 미팅 시에 제품에 대한 긍정적인 메시지만 주기보다 부정적인 측면도 함께 제공하면, 고객은 영업대표를 더 신뢰하게 된다."**

④ 중요한 것은 간단하게, 여러 번 반복하라. (3P, 3S 법칙)

중요한 내용일수록 간단하게 말해야 명확하게 전달된다. 또한 의도적이고 전략적으로 반복해야 한다.

- 3P(3Points) : 논점을 3가지로 간단하게 요약해서 전달하는 방법이다. 아무리 할 이야기가 많아도 3가지 이상으로 전달하면 고객에게 각인되지 않는다. 15가지 할 이야기가 있더라도 그룹핑하여 3가지로 전달해야 한다.
- 3S(Statement, Support, Summarize) : 대화 시작 시에 요약해서 말하고, 본론에서 상세하게 말하고, 클로징 때 재요약하는 방법이다.

⑤ 고객을 피곤하게 하지 마라.

- 가급적 간략하게 이야기한다. 같은 말을 되풀이해 장황하게 이야기하면, 상대가 중요한 내용에 집중을 하지 못한다.
- 추상적인 단어, 애매한 단어, 외국어, 유행어 사용을 자제한다.
- 습관적인 단어 사용을 자제한다.(요컨대, 어쨌든, 굉장히, 따라서, 그리고서, 때문에, 저어, 음, 그러므로, 너무너무, 있잖아요, 아시겠습니까, 등)

SALES STORY

'ABC 법칙'을 극복하라

왜 세일즈 교육은 구태의연하고, 현실에서는 잘 작동되지도 않는 법칙들을 강조할까? 필자의 오랜 고민이다. 그 대표적인 기법 중에 하나가 미국에서 건너온 'ABC 법칙'이다.

ABC 법칙은, 미국의 세일즈 업계에서 황금률처럼 통용된, 그러나 매우 잘못된 규칙이다.

"Always be Closing.(항상 계약하라.)"

이 말은 고객이 설득이 되었든 안 되었든, 방법만 있다면 강매라도 하라는 뜻이 숨어 있다.

그러나 이렇게 세일즈를 하면 고객은 원하지 않는 구매를 하게 되고, 이후 그 고객은 다시는 내게 구매를 하고 싶지 않을 것이다.

가장 빛나는 세일즈는, 필요하지 않은 고객에게 권유하지 않는 것이다. 내가 제공하는 솔루션의 가치를 모르고 구매하려고 하는 고객에게는 구매를 중지시키는 것이다. 이렇게 되면, 나는 고객의 신뢰를 받는 파트너가 되어 평생 세일즈를 할 수 있게 된다. 고객 입장에서도 그 분야에서 평생 신뢰할 수 있는 파트너를 얻게 되는 셈이다.

거절 극복하기 5

① 거절은 극복보다 예방을 먼저 하라.

가장 효과적으로 거절을 다루는 방법은, 제기된 거절 이슈를 극복하는 것이 아니라 거절 자체를 최소화하는 것이다. 이를 위해서는 충분히 질문해야 한다.

고객이 니즈의 심각성과 솔루션의 효용을 정확히 이해할 수 있는 영향 질문(Implication Question)과 효용 질문(Needs pay-off Question)이 필요하다. 질문을 통해 고객이 니즈의 심각성과 솔루션의 효용을 충분히 인식하게 되면, 거절의 이유를 고객 스스로 극복하게 된다.

② 고객의 거절을 경청하라.

고객의 거절에 대해 기가 죽거나 오기가 발동해 공격적이 되기보다는 거절을 귀담아 듣는 태도가 필요하다. 거절에는 이유가 있고 그 이유를 파악하고 해결하는 것이 세일즈이다.

예상되는 거절의 이유는, 미리 답변을 준비한다.

- 고객의 반론에 공감을 표시하고 진지하게 경청한다.
- 논쟁하기보다는 자신감을 가지고 명쾌하게 대답한다.
- 고객이 원하는 모든 것이 해결되지 않더라도 대안을 제시하며 끝까지

성의 있게 대한다.

③ 거절의 긍정 심리학을 적용하라.

세일즈맨이 겪는 가장 큰 어려움은, 거절에 대한 두려움이다. 거절에 대한 부정적인 관점만 극복하면, 세일즈는 쉬워진다. 거절에 대한 거부감과 위축감을 없애기 위해 거절에 대한 긍정적인 인식을 스스로에게 심어주어야 한다.

- 거절은 당연한 것이다. 세일즈가 특별한 것이다.
- 고객은 나(나의 인격)를 거절하는 것이 아니다. 단순히 나의 제안을 거절하는 것이다. 고객은 거절할 권리가 있다.
- 그 고객이 적극적으로 거절하는 사람이기 때문에 나에게 기회가 왔다. 아니었다면 다른 영업대표를 만나서 이미 계약을 했을 것이다.
- 적극적으로 거절하는 사람은 수동적인 긍정형보다 계약에 이를 가능성이 높다. 왜냐하면, 적극적인 거절자는 거절의 분명한 이유가 있기 때문에, 이 이유를 해결할 경우 적극적 동조자가 될 수 있다.(특정 종교에서 전도를 하거나 특정 집단에 참여를 요청할 때, 적극적으로 거부한 사람들이 후에 조직의 핵심멤버가 되는 경우를 종종 경험했을 것이다.)

> **거절에는 이유가 있고, 그 이유를 파악하고 해결하는 것이 세일즈이다.**

④ 세일즈 파레토 법칙을 이해하라.

고객의 거절을 세일즈 실패로 끝내지 않고 다시 시도를 할 경우, 세일즈 성공 가능성이 커진다. '세일즈 파레토 법칙(Pareto Principle, 보통 '80:20 법칙'으로 부른다.)'을 기억하면, 재시도하는 데에 도움이 된다.

- 세일즈 파레토 법칙(Pareto Principle)

"4번까지 권유하는 12%의 영업대표들이 성과의 80%를 차지한다."

- 영업대표들의 권유 포기 비율

- 1회 시도 후 포기자 : 영업대표의 48%
- 2회 시도 후 포기자 : 영업대표의 25%(누적 73%)
- 3회 시도 후 포기자 : 영업대표의 15%(누적 88%)

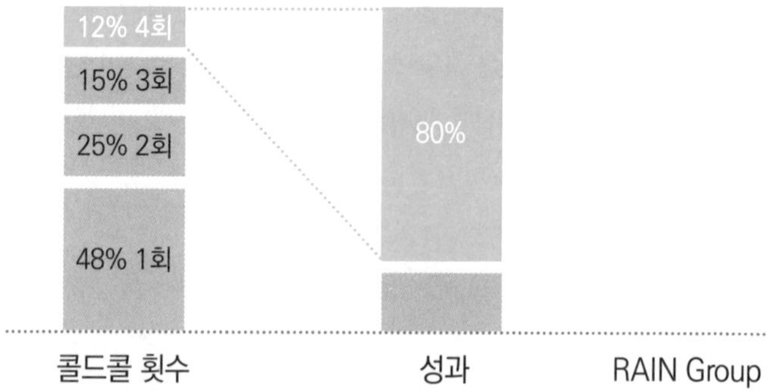

세일즈를 재시도하거나 여러 번 권유하는 일은 쉽지 않다. 거절했는데 다시 권유하는 것은, 결례가 될 가능성이 크기 때문이다.

그렇기 때문에 기계적으로 반드시 4번을 시도하라는 뜻은 아니다. 가능한 상황일 때, 고객의 효용이 있다고 생각할 때, 쉽게 포기하지 말고 4번까지는 고객에게 기회를 주라는 뜻이다.

다음의 원칙에 따라서 세일즈 재시도 여부를 판단하면 된다.

- 니즈가 없는 고객에게 팔려고 하지 않는다. 이것은 B2B 세일즈의 중요한 원칙이다. 니즈가 없는 고객은 구매하지 않을 것이기 때문에 무리해서 시도할 필요가 없다. 이런 상황에서는 세일즈가 일어나면 오히려 더 문제가 된다. 고객은 니즈와 효용을 제대로 인식하지 못하고 구매했기 때문에 만족할 가능성이 적고, 더 이상 고객과의 관계 유지는 불가능해진다.
- 세일즈가 아니라 고객의 문제 해결에 집중한다. (ex. "저희 솔루션을 구매하지 않으셔도 괜찮습니다. 다만 이 분야 전문가로서 저희가 수집한 최근 업계 성공사례집을 무료로 보시는 것은 고객님께 도움이 많이 될 것 같습니다.")
- 솔루션과 우리 조직에 대한 고객의 인식이 확대되어 포지션이 개선될 때마다 구매 의사를 재확인한다.

> **니즈가 없는 고객에게 팔려고 하지 않는다. 이것은 B2B 세일즈의 중요한 원칙이다. 이런 상황에서는 세일즈가 일어나면 오히려 더 문제가 된다.**

대화 마무리하기(Closing) 6

① 대화 내용 요약(Review)

미팅에서 다루었던 내용 중 핵심사항을 간단히 요약한다.

ex.
"오늘은 귀사의 IT 아웃소싱 중장기 계획을 공유했고, 이번 헬프데스크 아웃소싱과 관련된 저희 회사의 솔루션이 적절한지 검토했습니다. 전산원 이사님께서 우리 솔루션의 경쟁력을 높이 평가하셨고, 구체적인 제안서를 통해서 평가위원회가 평가할 수 있도록 기회를 주시기로 하셨습니다. 감사드립니다."

② 다음 단계(Next step) 해야 할 일 확인

다음 단계에서 해야 할 일을 확인한다.

ex.
"서류는 다음주 월요일 3시까지 제출하겠습니다. 그리고 화요일 평가 시간을 알려주시면 저희가 그 시간에 맞춰 일정을 조정하겠습니다."

고객과의 모든 접점에서 클로징 형식은 동일하다. 메일을 보낼 때, 전화 통화를 마무리할 때, 미팅이 끝났을 때도 요약 및 다음 단계 안내(Summary & Next Step)로 마무리한다.

콜드콜(Cold-Call)

① 왜 콜드콜인가?
② 콜드콜 효과
③ AI 적용이 콜드콜을 더욱 효과적으로!
④ 콜드콜 원칙
⑤ 콜드콜 스크립트

고객 미팅

① 미팅 프로세스 이해
② 미팅 계획 수립
③ 미팅 플래너
④ 미팅 전 자기 강화
⑤ 미팅 후 팔로업
⑥ 계약 후 팔로업

고객과의 대화

① 대화 들어가기(Opening)
② 경청하기
③ 질문하기
④ 설득하기
⑤ 거절 극복하기
⑥ 대화 마무리하기(Closing)

가치 제안

① 전문가영업과 가치 제안
② 효과적인 가치 제안
③ 고객 유형에 따른 가치 제안
④ 가치 제안을 위한 솔루션 개발

1 전문가영업과 가치 제안

이번 파트에서는 고객에게 제안을 할 때 가장 핵심적인 내용인 '가치 제안'을 다룬다. 가치 제안은, 시장에서 경쟁자를 이기기 위해 반드시 장착해야 할 핵심 무기이다.

① 가치와 시장

관계영업(ABS)을 하면 고객의 수준이 낮아지지만, 전문가영업(SBS)을 하면 고객의 질이 좋아진다. 여기에서 말하는 질이 좋은 고객은, 부가가치가 높은 시장(High-End Market)을 말한다.

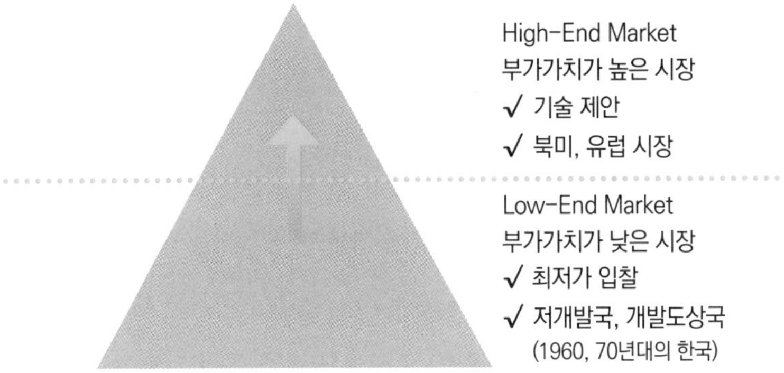

● 고부가가치 시장과 저부가가치 시장

고부가가치 시장으로의 진출이 과제이다. 고부가가치 시장에서는 저가 솔루션보다는 최적화된 솔루션을 고객에게 공급하는 것이 중요하다. 이를 위해서는 고객에게 맞추어 솔루션을 최적화해서 판매할 수 있는 전문가영업 능력을 갖추어야 한다.

고부가가치 시장의 고객들은 친분을 통한 구매나 최저가 구매를 선호하지 않는다. 이 고객들이 추구하는 것은, 차별화된 솔루션이다.

그래서 전문가영업은 저가 영업의 반대말이기도 하다. 차별화된 솔루션을 통해 차별화된 가치를 고객에게 제공하기 때문에 제대로 된 가격에 세일즈가 일어난다. 이것을 '가치 제안(Value Proposition)'이라고 부른다. 가치 제안은 고객에게 차별화된 가치를 제공하고, 고객은 이에 적합한 비용을 지불함으로써 Win-Win하게 되는 중요한 원리이다.

> **전문가영업은 저가 영업의 반대말이기도 하다. 차별화된 솔루션을 통해서 차별화된 가치를 고객에게 제공하기 때문에 제대로 된 가격에 세일즈가 일어난다. 이것을 '가치 제안(Value Proposition)'이라고 부른다.**

② 가치와 가격

가격을 결정하는 방법은 가치에 기반한 경우(Top-Down Approach)와 원가에 기초하는 경우(Bottom-Up Approach)가 있다. 가치에 기반한 가격결정을 할 경우, 고객은 가치 중심의 구매를 하게 되고 판매자는 더 좋은 이익률을 갖게 된다.

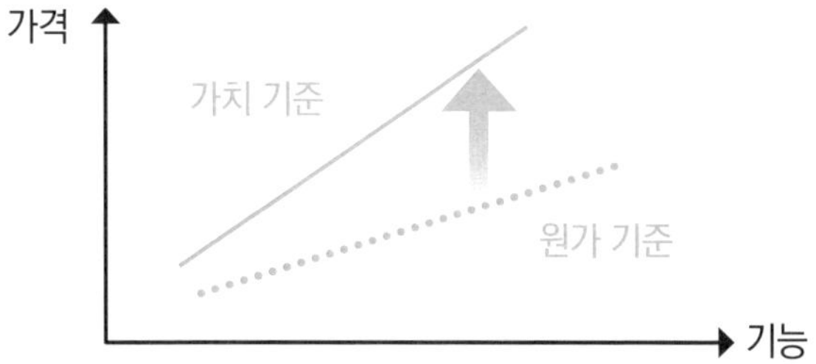

● 가치 기반(value based) vs 원가 기반(cost based) 가격 결정

기능이 동일한 경우라도 원가에 기준을 두느냐, 고객의 가치에 기준을 두느냐에 따라 가격은 달라진다. 대체로 가치 기준의 가격 결정은 더 높은 이익률을 갖게 된다.

③ 가치 제안의 정의

단순히 품질이 뛰어나다는 이유로, 가격이 저렴하다는 이유로, 고객이 구매할 것이라고 생각하는 것은 착각이다. 고객은 우수한 상품이나 서비스를 사는 것이 아니라, 그것으로부터 도출되는 가치를 사는 것이다. 고객에게 '가치'를 제공한다고 주장할 때는, 이 전제를 염두에 두어야 한다.

가치 제안이란, 지불하는 비용 대비 얻게 되는 가치가 더 큰 것을 보여주는 것이다.

가치 〉 비용
Value 〉 Cost

하지만 위의 공식은 독점시장에서만 작동되는 공식이다. 경쟁시장에서 가치 제안이란, 경쟁자 솔루션의 비용 대비 가치보다 자사 솔루션의 비용 대비 가치가 더 크다는 주장을 설득력 있게 보여주는 것이라 할 수 있다.

자사 솔루션(가치 - 비용) 〉 경쟁사 솔루션(가치 - 비용)
Winner(Value - Cost) 〉 Competitor(Value - Cost)

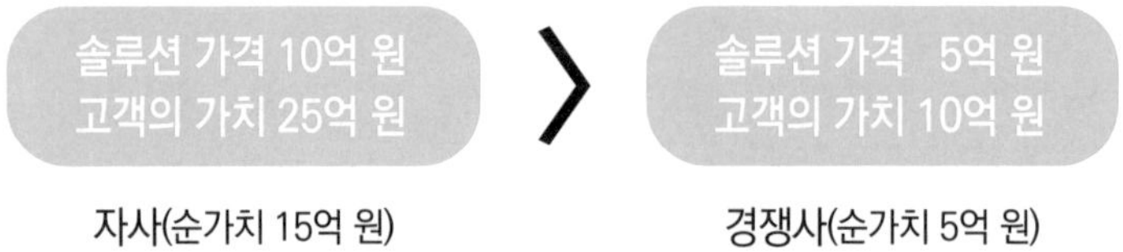

● 가치 제안

여기에서 고객은 경쟁사의 5억 원 솔루션을 구매할 때보다 자사의 10억 원 솔루션을 구매할 때 더 큰 순가치를 얻게 된다.

2 효과적인 가치 제안

많은 판매자들이 '가치 제안(Value Proposition)'이라는 말을 사용한다. 그러나 자신들의 주장을 설득력 있게 증명해 보이는 경우는 드물다.

가치를 증명하는 효과적인 방법은 다음과 같다.

① Quantify(정량화)

- 예측되는 성과 향상의 정량화
  (ex. 5년간 총 350만 달러의 비용 절감)

② Timing(시간 개념)

- 비용 부가 시기(costs)
- 효용의 발생 시기(benefits)
- 투자금액 회수 시기(payback / ROI)
  (ex. 2027년 5월부터 5년간)

③ Measurement & Monitoring(가치의 측정과 추적)

- 성과의 측정과 추적 방법을 명시
  (ex. "우리(Woori) 그룹은 연간 30%의 IT 비용 절감 효과를 누리게 될 것이며, 모든 비용은 Woori on-line에서 열람이 가능하며, 월별로 송장에

기입될 것입니다.")

④ 산업표준을 제시

고객 입장에서 표준은, 산업의 평균원가 / 수익이다. 산업표준보다 자사의 원가가 높거나 수익이 적다면, 필요 이상의 비용을 부담하고 있는 것이다. 산업표준을 인용하는 것은, 고객의 사업에 대한 이해와 경험이 있다는 사실을 입증하는 일이다. 경영자와 중간관리자에게 제안을 하는 경우에는 특히 중요하다.

(ex. "CRM의 스탠다드 가격은 월 평균 $150입니다. 당사 CRM의 스탠다드형은 월 평균 $30로서, 평균가격의 20% 정도 금액으로 동일한 수준의 서비스를 제공합니다.")

3 고객 유형에 따른 가치 제안

가치 제안이 가능하게 하려면, 고객 조직 내의 부서 및 전문성에 따라 관심사와 얻고자 하는 가치가 다르다는 점을 인식해야 한다. 이에 따라 대응해야만 고객의 진짜 가치를 창조할 수 있다. 따라서 전문가 영업을 통해 고객 유형에 따른 니즈를 이해하는 것이 필수이다.

① 구매 부서(Economic Buyers)

적절한 품질 내에서 가장 낮은 가격을 중시한다. 통상 조달 부서(공공조직), 구매 부서(사기업)를 말하며, 중견 / 중소기업에서는 CEO인 경우도 있다. 이들은 최종 구매 결정을 내리는 조직 혹은 사람으로서, 구매 거부 결정권을 가지고 있다. 구매에 있어서 가격에 관심이 많으므로 적당한 품질의 솔루션을 저렴하게 구입하려고 한다. 기존에 구매한 상품이나 서비스에 대한 기준이 있고, 그 기준만 넘으면 된다고 생각하는 경향이 있다.

ex.
"소개해드리는 구독모델을 적용할 경우, 기존의 구축 모델 대비 매년 30%의 IT 비용을 절감하게 됩니다."

② 내부 전문가(Technical Buyers)

대표적으로 기술 전문가들과 또는 특정 분야 사내 전문가를 말하지만, 큰 구매의 경우에는 구매 에이전트, 변호사(법무팀), 계약 담당, 라이선스나 규제 권한을 가진 구매 관련 전문가들을 포함한다.

예를 들어, 세일즈 대상이 시스템일 때는 고객 조직 내에 시스템 전문가가 평가에 참여하고, 법률 자문을 위한 로펌을 선정할 때는 고객 조직 내에 법무팀 직원이나 변호사가 평가에 참여한다.

> ex.
> "기술성숙도(TRL, Technical Readiness Level) 8단계(9단계 중) 인증을 받은 충분히 검증된 기술입니다."

③ 사용자(Users)

고객 조직의 현장에 있는 실제 사용자다.

예를 들어, 은행 시스템의 사용자는 지점에서 근무하는 행원들이다. 상품이나 서비스의 실 사용자로 이들의 목소리는 항상 중요하다. 사용의 편의성에 가장 큰 관심을 가지고 있으며, 감정적이고 주관적인 경향이 있다. 이 외에 유저들의 관심은, 신뢰성과 안정성, 유지보수와 지원, 성공 등 개인의 욕구 등이 있다.

> ex.
> "구식 시스템은 최신형 하드웨어와 소프트웨어로 교체됩니다. 현장의 매니저들은 골치 아픈 IT 문제 없이 핵심업무에 집중할 수 있게 되고, 더 이상 IT 고장에 따른 추가 예산을 요청할 필요가 없습니다."

우버 가치 제안의 탁월함은, 이용자별(탑승객과 운전자) 가치를 명확히 하고, 단순하고 쉽게 전달하고 있다는 점이다.

1) 탑승객을 위한 가치 제안

"우버는 고객들의 고충을 이해합니다. 전 세계 10,000개 이상의 도시에서 버튼 한 번으로 간편하고 스트레스 없는 여행을 제공합니다."

2) 운전자를 위한 가치 제안

"운전석에 앉기만 하면 돈을 벌 수 있습니다. 그게 전부입니다."

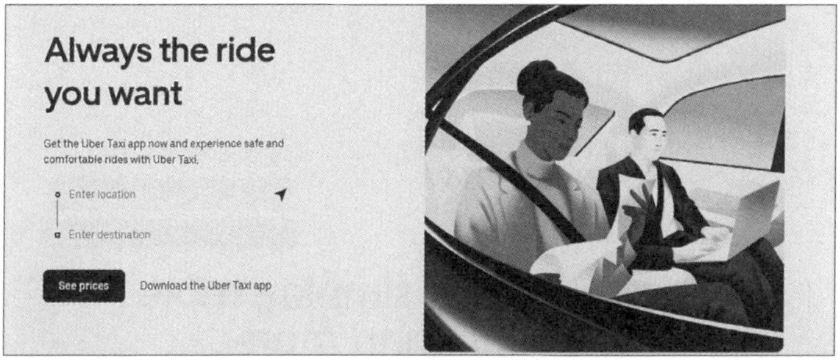

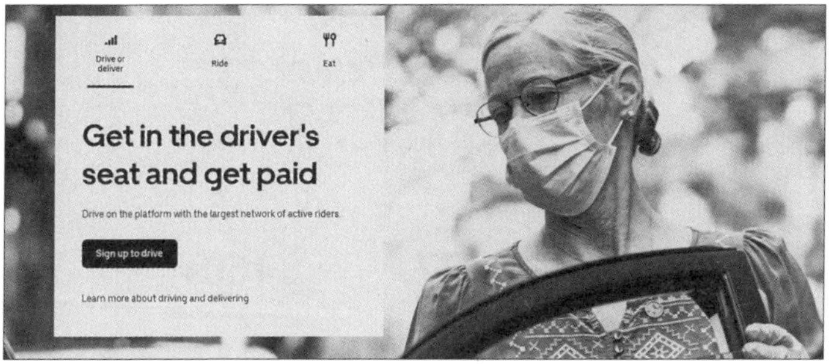

가치 제안 사례 : 슬랙(Slack)

슬랙의 가치 제안은, 코로나 이후 모든 기업이 고민하고 있는 원격팀의 고충에 초점이 있다. 왜냐하면, 원격 업무를 통한 생산성 관리와 향상은 리더들에게 가장 큰 관심사이기 때문이다.

슬랙은 이들을 설득하기 위해서 풍부한 사용자를 강조하고 있다. 이 메시지가 효과적인 이유는, 많은 기업들이 업무관리 툴(tool) 도입에 실패한 경험을 가지고 있기 때문이다. 이들 기업은 풍부한 사용자들에게 검증된, 성공 가능성이 높은 솔루션을 선택하는 경향이 클 수밖에 없다.

√ 200,000명 이상의 유료 사용자
√ 포춘 100대 기업 중 77개 기업이 사용 중
√ 150개 국가 이상에서 사용 중

Make work life simpler, more pleasant and more productive.
Slack is the AI-powered platform for work bringing all of your conversations, apps, and customers together in one place. Around the world, Slack is helping businesses of all sizes grow and send productivity through the roof.
Slack was acquired by Salesforce in 2021.
200k+
paid customers
77
of the Fortune 100 use Slack
150+
countries have daily active users in Slack

(이미지 출처 _ www.slack.com)

가치 제안 사례 : 허브스팟(Hubspot)

허브스팟의 가치 제안의 핵심전략은, 기존의 CRM 솔루션 공략이다. 기존 CRM의 대표기업은 세일즈포스(Salesforce)로, 높은 비용으로 인한 고객의 부담이 이슈이다.

따라서 허브스팟은 가격 측면을 강조하고 있다. 세일즈포스의 기본모델(인당 월 $165)에 대항하는 슬렉의 기본모델을 무료로 제공한다. 이렇게 고객을 확보한 후 프리미엄 모델로 전환을 유도함으로써, 새로운 사업모델 세팅에 성공했다.

√ 무료 CRM 소프트웨어(기본형)

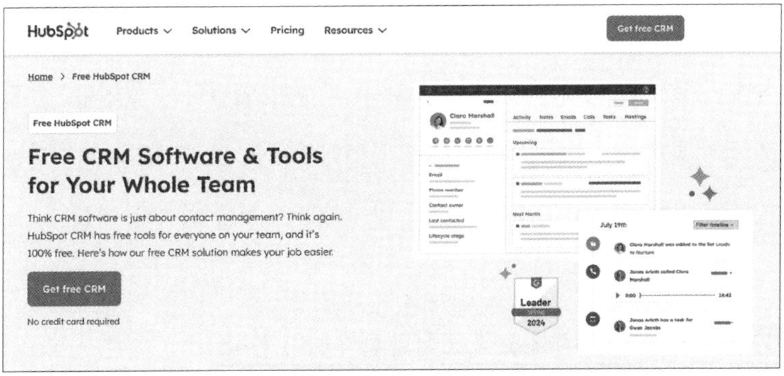

(이미지 출처 _ www.hubspot.com)

가치 제안을 위한 솔루션 개발 4

① 솔루션 개발을 위해 조직 내부 세일즈가 중요하다.

B2B 세일즈에서 성공의 핵심은, 고객이 원하는 솔루션을 전사적 차원에서 대응하는 것이다. 그래서 미국이나 유럽에서는 B2B 세일즈를 '사업개발(B/D, Business Development)'이라고도 한다. 즉, 고객마다 사업의 특징이 다르므로 이에 적합하게 고객마다 다른 솔루션을 제공한다는 뜻이다.

또 "B2B 세일즈의 반은 고객에게 하고, 나머지 반은 회사에 한다."는 말이 있다. 이 말의 의미는 고객이 원하는 솔루션을 사내의 여러 조직에 전달하고, 협상하고, 만들어내는 과정이 어렵다는 뜻이다. 실제로 플랫폼회사나 IT솔루션회사의 영업대표들을 보면, 고객에게 세일즈하는 것보다 내부의 유관부서와 협의하는 과정을 더 힘들어한다.

② 솔루션 개발을 위해 고객 조직과 협력해야 한다.

고객의 니즈를 적극 반영한 솔루션을 개발하기 위해서는 고객의 참여가 필수이다. 솔루션 제안은 단순히 상품이나 서비스를 파는 것과 다르다. 솔루션은 기술, 비용, 위험 등, 고객의 니즈와 이슈를 광범위하게 포괄해야 한다. 즉, '특정 고객만의 고유한' 솔루션이 되어야 한다.

특히, 기술 측면의 솔루션 개발은 B2B 세일즈의 핵심요소이다. 어떤 기술을 선택하든 리스크에 대한 대안이 함께 준비되어야 한다. 유념해야 할 사항은, 고객사 내부의 목표가 조직별로 서로 모순되는 경우가 종종 발생한다는 점이다.

예를 들어, 고객사의 기술 부서는 품질 중심의 첨단 솔루션의 구매를 원하지만, 구매 부서는 가격의 적정성을 구매의 중요한 기준으로 삼는 경우이다. 이럴 때는, 먼저 고객의 '구매 프로세스 상의 문제'를 고객사의 담당자와 함께 개선하는 것이 필요하다. 그후, 기술 측면에서의 조정을 거쳐 다양한 유관부서의 목표를 통합하는 솔루션을 결정해야 한다.

목적	전략	대상	시기	방법	비용

● 솔루션 개발 계획

차별화된 솔루션은 오직 고객과의 협력 관계를 통해서만 가능하다.

③ 고객과의 갭을 분석하고 극복해야 한다.

차별화된 솔루션을 개발하려면, 현재 우리의 솔루션과 고객이 요청하는 솔루션 사이의 갭을 분석하고 이 갭을 극복하기 위한 방법 개발이 필요하다. 고객과의 반복적인 교류와 커뮤니케이션을 통해서 솔루션 개발 계획을 실행하자.

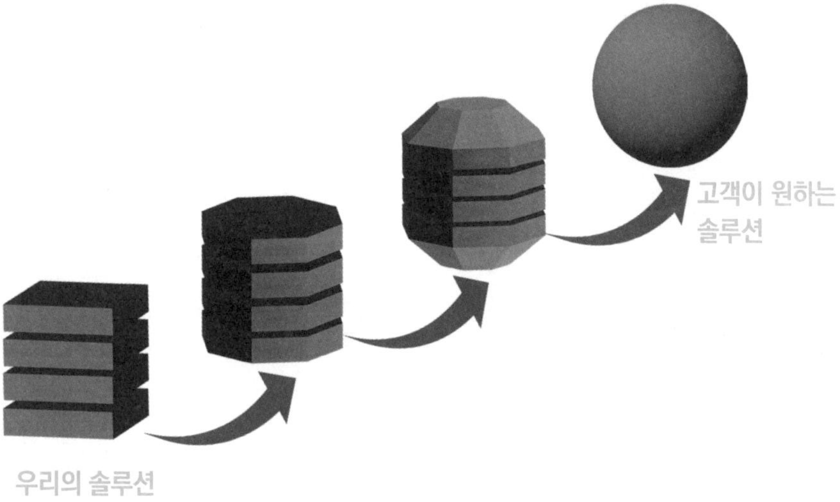

● 협력적인 솔루션 개발로 갭 극복

고객과의 반복적인 커뮤니케이션과 상호협력하는 관계를 통해서, 고객과의 갭을 극복하고 최적화된 솔루션을 개발할 수 있다.

B2B
SALES

CHAPTER 4.
전문가영업의 조직과 리더십

조직관리

① 조직관리 리더십이란 매니저와 코치의 역할을 수행하는 것이다
② 매니저 역할 : 목표를 조정하고 역할을 배분한다
③ 코치 역할 : 실행력을 높여 목표를 달성한다

성과관리

① 잠재 고객 관리 : 핵심은 양적 + 질적 파이프라인 관리!
② 영업 조직의 성과관리 : 핵심은 기존 + 신규 매출 관리!
③ 영업대표의 성과관리 : 핵심은 활동관리!

핵심 관리(사업 수주율)

① 리더의 사업 수주 역할
② 역할 A : 입찰 참여 여부 결정
③ 역할 B : 수주 / 제안전략 개발 코칭
④ 역할 C : 제안 코칭

특별 관리(영업대표 멘탈)

① 구성원의 멘탈관리
② 스트레스별 코칭 포인트

| 조직관리 |

1 조직관리 리더십이란 매니저와 코치의 역할을 수행하는 것이다

통상 영업 조직의 리더라 함은, 사업부를 이끌어 가는 임원과 현장의 영업대표들을 관리하는 팀장을 일컫는다. 리더들은 실제 영업에 참여하면서도 조직 전체의 성과관리를 책임져야 하는 이중고를 겪고 있다.

그렇기 때문에 효과적인 영업 조직의 관리를 위한 원리와 방법들이 중요하다. 영업 조직의 리더가 이 원리와 방법들을 정확히 이해하면, 현장의 복잡다단한 상황에서도 반드시 수행해야 할 핵심업무 중심으로 유연하게 대처함으로써 성과를 낸다.

리더는 조직에서 부여받은 과제를 달성하기 위해 조직을 관리하는 역할을 한다. 대체로 영업 조직에서 과제는 매출과 영업이익 등 숫자로 부여된다. 리더의 어려움은 부여된 숫자와 이를 달성하기 위한 현실과의 괴리에서 발생한다.

대체로 현실은, 목표 달성을 위한 인프라와 환경이 제대로 갖추어져 있지 않고 많은 문제가 존재한다. 따라서 리더의 미션은, 매니저로서 조직의 여러 문제를 해결하여 조직의 목표를 달성하는 것과 동시에, 코치로서 구성원들의 동기를 부여하고 역량을 개발하여 구성원 개개인의 목표를 달성하게 하는 것을 포괄한다.

조직에서 일반적으로 발생하는 이슈를 정리해보면 다음과 같다.

① 과다한 전사 목표

많은 경우에 경영진은 영업 담당자들만큼 현장, 즉 시장이나 고객을 이해하지 못하고 있기 때문에 추상적이고 원칙적인 개념으로 목표를 제시하기 쉽다.

예를 들어, "우리 업계의 성장률이 10%이니 우리 회사는 공격적으로 15%를 성장 목표로 정하자." 또는 "우리 회사는 매년 20% 성장이 경영목표이니 이에 맞추어 매출 목표를 세우자!"라는 식으로 말이다.

② 목표의 조정과 합의에 실패함

이런 경우 회사는 늘 목표를 달성하지 못하게 되고, 이 상황이 매월, 매분기, 매년 반복된다. 영업 조직은 전체적으로 패배주의에 빠진다.

③ 그 결과로 조직 내 갈등이 누적됨

영업 조직과 수행조직 또는 영업대표들과 경영진의 반목은 점점 더 뿌리가 깊어진다. 아마 많은 영업 담당자들이 조직에서 이런 갈등 상황을 수시로 목격하고 있으리라 짐작한다.

이런 환경에서 영업 조직의 리더들은, 매니저 역량과 더불어 코치의 역량을 갖추어야 조직이 요구하는 목표를 달성할 수 있게 된다.

영업 조직 리더의 '매니저로서의 역할'은 다음과 같다.

1) 영업목표 설정

2) 영업목표 배분

3) 기존 매출과 신규 매출 분리

위와 같은 기본 역할을 넘어서 '코치로서의 역할'은 다음과 같다.

1) 실무 경험 전수

2) 1:1 정기 미팅

3) 참여를 통한 플레잉 코칭(콜드콜, 미팅)

매니저 역할 : 목표를 조정하고 역할을 배분한다 2

① 영업목표 설정

매니저는 우선, 조직의 목표와 부합하는 개인의 목표를 각각의 구성원과 합의해야 한다. 영업목표라 함은, 통상 매출 / 영업이익 목표를 말하지만 기업과 산업에 따라 고객 숫자, 아이템별 매출 등도 포함된다.

영업목표 설정은 일방적으로 조직의 목표를 강요하는 행위가 되지 않도록 합의하는 과정이 필요하다. 실제로 현장에서 연말, 연초가 되면 영업목표를 합의하는 과정은 적잖게 고통스럽다. 그래서 많은 경우에 이 합의 과정은 생략되거나 형식화되거나 일방적(Top-Down)이 된다.

바람직한 목표 합의는, 구성원과 합의(Top-Down)뿐만 아니라 경영진 설득(Bottom-Up)을 포괄해야 한다. 구성원에게는 경영진이 제시하는 높은 목표를 설득해야 한다. 경영진에게는 높은 목표가 시장 상황에 비해서 비현실적인 경우에 낮추기를 설득해야 한다. 양방의 입장을 조율하고 조정하는 것이 영업리더의 능력이다.

이러한 과정에서 오해나 불편한 평판을 피할 수는 없지만, 조직관리의 효율성 측면에서 이를 최소화하는 방법은, 경영진과 구성원 양방향의 소통을 '적극적으로', '진정성 있게', '끝까지' 하는 것이다.

> **구성원에게는 높은 목표를 설득하고, 경영진에게는 높은 목표의 비현실성을 설득해야 한다. 양방의 입장을 조율하고 조정하는 것이 영업리더의 능력이다.**

② 영업목표 배분

영업목표 배분은 조직 내에서 사업부 간(팀 간)의 목표 배분 및 개인 간의 목표 배분을 뜻한다. 이 역시 조직 간, 개인 간의 많은 갈등을 유발하는 요인이다.

목표 배분의 기본원리는, 조직 전체로 합의한 목표를 하위 조직에 일괄 적용하는 것이다. 예를 들어, 전사적으로 성장률 10%를 정했으면 하위 조직도 10% 성장률을 적용하는 것이다. 이때 단순 적용으로 끝나서는 안 되고, 각 조직 / 구성원의 상황을 고려해 조정하는 것이 매우 중요하다. 이를 위해서 단위 조직의 리더들과 개인 간의 1:1 미팅을 통한 긴밀한 대화가 필요하다.

이때 고려할 요소는 다음과 같다.

- 기존 거래처의 예상 매출
- 신규 거래처의 계획 매출
- 조직 내 구성원의 경험과 경력 등

영업목표를 배분할 때 주의해야 할 점은, 대체로 단위 조직 리더들이나 개인들은 보수적이고 이기적인 태도를 취하기 쉽다는 것이다. 따라서 영업목표 배분 시에는 조직 전체의 목표에 대한 합의, '한번 해보자!'라는 열의를 조성할 수 있는 비전 제시, 합리적인 인센티브 제시, 문화적 행사(출정식) 등과 함께 진행해야 한다.

③ 기존 매출과 신규 매출 분리

영업목표 배분에 있어서 핵심은, 기존 매출과 신규 매출(신규 고객)을 분리해서 관리하는 방법이다. 영업 측면에서 회사가 성장하는 방법은 기존 고객의 매출을 늘리는 방법(Up-Selling / Cross-Selling)과 신규 고객을 확보하는 두 가지 방법이 있다.

특히 기업의 성장 측면에서 핵심은 신규 영업이다. 하지만 모르는 고객을 찾아서 (기존 고객 대비) 실패율이 높은 제안을 하는 것이 신규 영업의 본질이기 때문에, 기존 고객의 매출에 집중하는 것보다 훨씬 비효율적으로 느껴진다.

- 신규 매출의 중요성

그러나 기업 성장의 원동력은 신규 영업을 할 수 있느냐의 여부에 달려 있다. 회사나 산업에 따라 차이는 있겠지만, 신규 영업의 비중이 전체 매출의 20%라 하더라도 그 중요성은 80%라고 볼 수 있다. (Pareto Principle, 80:20법칙,) 왜냐하면, 기존 고객에 의해 반복적으로 매출이 발생하는 B2B의 특성상, 현재의 20%에 불과한 신규 매출이 향후 매출의 80%를 채울 것이기 때문이다.

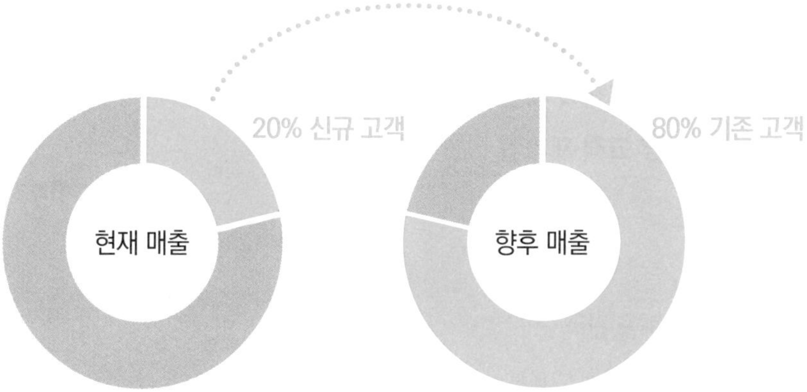

● B2B 매출의 파레토 법칙

일반적으로 신규 영업의 매출은 기존 매출 대비 소액으로 보이지만, 미래 준비와 성장 측면에서 그 중요성은 절대적이다.

신규 매출이 중요한 또 다른 이유는, 기존 고객은 매년 줄어든다는 사실이다. 자연적인 탈락도 있고, 세일즈 조직 입장에서 불량 고객을 적극적으로 제거하는 경우도 있다.

정리하자면, 신규 영업이 중요한 3가지 이유는 다음과 같다.

- 회사의 지속적인 성장 담보
- 기존 고객의 자연 탈락에 따른 매출 감소 대응
- 불량 고객 제거를 위한 잠재 고객 확보

“

신규 영업이 중요한 3가지 이유

- 회사의 지속적인 성장 담보
- 기존 고객의 자연 탈락에 따른 매출 감소 대응
- 불량 고객 제거를 위한 잠재 고객 확보

”

- 신규 매출 관리

따라서 매출목표를 정할 때 조직별로 개인별로 신규 영업의 목표를 별도로 배분해야 한다. 특히, 배분만 할 것이 아니라 철저히 관리하는 것이 중요한다.

예를 들어, 기존 영업 매출보다 신규 영업 매출의 가중치를 더 주어 영업대표의 실적을 평가하는 것도 방법이다. 신규 매출 1억 원을 기존 매출의 2억 원과 동일하게 평가해주는 것이다.

또한 영업 조직의 리더들은 신규 영업의 중요성을 끊임없이 강조해야 한다. 필자의 경험으로도 영업 조직의 고성과자들은 예외 없이 신규 영업을 통해서 탁월한 성과를 낸 사람들이다.

신규 영업은 새로운 시장을 개척하여 매출 증가에 직접 기여하고, 동료들에게는 자극이 되어서 회사 성장의 원동력이 된다.

3 코치 역할 : 실행력을 높여 목표를 달성한다

목표와 전략이 확정되면, 이제는 코칭을 통해서 개별 영업대표들의 실행력을 높여주는 일이 남아 있다. 구성원의 실행력을 높이는 코치가 되기 위해서는 실무 경험 전수, 정기적인 1:1 미팅, 참여를 통한 점검이 필요하다.

① 실무 경험 전수

영업 조직의 리더는 충분한 영업 경험을 가지고, 이를 구성원에게 전수하는 코칭 능력을 갖추어야 한다.

예를 들어, 프로 운동선수들의 코치를 보자. 그들은 프로선수만큼 기록을 낼 수는 없지만, 코칭을 위한 최소한의 경험은 꼭 가지고 있다.

무슨 당연한 소리를 하냐고 말하겠지만, 사실 현장에는 많은 예외들이 있다. 특히, 전통적인 한국 대기업의 경우, 경험 없는 리더들이 적지 않게 있다. 왜 그런가? 한국 대기업은 그룹 계열사를 대상으로 세일즈 하는 조직(대내영업, 이 시장을 Captive Market이라고도 부른다.)과 일반 고객을 대상으로 하는 조직으로 나뉘는데, 두 조직의 경험은 매우 다르다. 대내영업 조직에서는 신규 영업이 필요 없기 때문에 신규 영업 역량을 갖추기 어렵다. 이렇게 기본기를 갖추지 못한 리더가 영업 조직을 혁신할 수 있는 성과를 내기는 쉽지 않다. 물론 학습 능력이 좋은 리더가 구성원과 함께 학습을 해 가면서 새로운 능력을 갖추는 것은 가능하기도 하다.

② 정기적인 1:1 미팅

목표와 전략은 분기, 월, 주, 일 단위 계획(QMWD Plan)으로 실행된다. 따라서 구성원과 미팅의 핵심은 분기, 월, 주, 일 단위 계획이 잘 수립되었는지, 그리고 잘 실행되었는지를 확인하고 피드백하는 것이다.

10명 내외로 구성된 영업팀을 가정할 때, 미팅의 주요 내용은 아래 표와 같다. 요즘은 간단한 업무 공유는 CRM을 통해서 이루어진다. 대면 미팅은 최소화하고 온라인 상에서 업무 보고와 리얼 타임 피드백이 이루어진다.

기간	미팅	주요 내용
Half Quarter	워크숍	● 리더 : 조직 목표의 성취도 점검 ● 리더 + 영업대표 : 환경 변화에 따른 목표와 전략의 수정 필요성 점검
Monthly	1:1 코칭	● 리더 : 성과 점검과 개선을 위한 코칭 ● 리더 + 영업대표 : 이슈 확인 및 대안 토의
Weekly	업무 보고	● 영업대표 : 업무 진척도와 상황 공유
Daily	CRM	● 영업대표 : 고객 미팅 등, 업무 리포팅 ● 리더 : 리얼 타임 코칭

● (사례) 영업 조직관리를 위한 시점별 내부 미팅

이 중에서도 개별 영업대표의 성과를 높이기 위한 결정적인 도구는, 1:1 미팅을 통한 코칭이다. 1:1 미팅은 개인의 성과를 방해하는 병목 (Bottle Neck)을 찾고, 문제 해결(Troubleshooting)을 하는 것이 목표이다. 어떤 이는 성격적으로 어려움을 겪고, 어떤 이는 특정 스킬이나 관련 분야의 지식이 부족하다. 영업대표마다 처한 문제와 이를 해결하는 솔루션이 완전히 다를 수 있기 때문에 개별적인 접근이 중요하다.

– 1:1 미팅 준비

1:1 미팅은 리더가 자신의 경험과 지식을 모두 동원해 구성원을 도울 수 있는 결정적인 기회이므로 꼭 성공적이어야 한다.

성공적인 1:1 미팅이 되기 위한 최우선 조건은, 준비이다. 미팅에서 논의해야 할 사항들을 사전에 공유하고, 이에 대한 의견을 각자 준비해서 만나야 한다.

리더가 미팅을 진행할 때, 핵심 문제(Bottle neck)와 해결책(Trouble-shooting)을 찾는 주체가 구성원이 되도록 하는 것이 중요하다. 구성원 역시 미팅이 리더의 피드백을 일방적으로 듣는 자리가 아니라는 점을 알고, 주도적으로 고민하고 적극적으로 의견을 말해야 한다.

다음 질문들에 대한 답을 사전에 준비해야 한다.

- 현재 성과 수준은 어떠한가?
- 필요한 성과를 더 내기 위해서 극복해야 할 과제는 무엇인가?
- 이를 위한 실행 계획은 무엇인가?

– 핵심 문제(Bottle neck)와 해결책(Troubleshooting) 찾기

리더와 구성원은 영업 데이터에 기초해서 성과 개선에 필요한 핵심 문제와 해결책을 찾아야 한다. 데이터에서 찾아야 할 내용은 다음과 같다.

- 핵심 고객의 기대 매출과 실제 매출
- 핵심 고객에 대한 업셀링과 크로스셀링의 기대 매출과 실제 매출
- 신규 고객의 기대 매출과 실제 매출
- 신규 고객을 위한 영업 활동에서 이슈와 해결 방안
  (* 다음에 이어지는 '성과관리' 부분을 참고하라.)

– 1:1 미팅 시 점검 사항

성과가 저조한 구성원의 경우, 리더는 다음의 사항을 점검하자.

- 핵심 고객을 정의하여 관리하고 있는가?
  (최소한 A(핵심 고객), B(고객), C(잠재 고객)으로는 분류해야 한다.)
- 신규 시장, 타깃 잠재 고객은 누구인가?
  (없을 경우에는 과제를 부여한다. 예를 들어, 'TOP 10을 정의하기' 등)
- 추가 매출을 위해 집중해야 할 핵심 고객은 누구인가?
- 핵심 고객을 어떻게 관리하고 있는가? 정기적으로 관리하고 있는가?
- 신규 매출을 위한 영업 활동 중, 횟수가 적은 활동(양적 어프로치)과 성공률이 낮은 활동(질적 어프로치)은 무엇인가?
  (콜드콜인가? 미팅인가? 제안 작업인가? 계약 클로징인가?)

"

1:1 미팅은 개인의 성과를 방해하는 병목(Bottle Neck)을 찾고, 문제 해결(Troubleshooting)을 하는 것이 목표이다. 영업대표마다 처한 문제와 이를 해결하는 솔루션이 완전히 다를 수 있기 때문에 개별적인 접근이 중요하다.

"

"

리더가 미팅을 진행할 때, 핵심 문제(Bottle neck)와 해결책(Troubleshooting)을 찾는 주체가 구성원이 되도록 하는 것이 중요하다.

"

③ 참여를 통한 코칭 : 콜드콜, 미팅

코치로서 리더는 신규 영업 활동의 병목(Bottle Neck)을 찾았을 때, 실천적인 대안을 제시할 수 있어야 한다.

- 콜드콜에 실패하는 영업대표

콜드콜에 대한 원리를 설명해주는 것으로는 부족하다. 가능하다면 리더가 시간을 내서 영업대표의 콜드콜 과정을 지켜보고 코칭을 해주는 별도의 세션을 마련하는 것이 바람직하다.

필자의 경험에 따르면, 이런 실무적인 코칭을 해주면 효과가 커질 뿐만 아니라 구성원들은 리더의 역량을 존중하기 시작한다. (말만 하는 리더는 존중받기 어렵다.) 특히 콜드콜은 기본교육 시 사내의 베스트 프랙티스를 활용하는 것이 매우 효과적이다. 구성원 중에는 이미 콜드콜에 있어서 뛰어난 실력을 발휘하는 영업대표들이 있고, 그들의 스크립트와 녹취록 등을 공유하면 실질적인 도움이 된다.

– 콜드콜의 코칭 포인트

- 콜드콜의 목적을 이해하고 실행하는지 관찰하고 피드백하라.
  B2C의 세일즈콜과 목적이 다르다. 세일즈콜의 목적이 세일즈라면, 콜드콜의 목적은 다음 단계(미팅, 추가 콜링, 제안서 제출 등)이다.
  – 세일즈가 아닌 다음 단계로의 이행에 통화의 초점을 맞추고 있는가?
- 어느 부분이 서툰지 관찰해서 피드백하라.
  – 오프닝 / 클로징 / 흥미유발문이 적절한가?
  – 장황한 설명 / 심리적 불안정 / 일방적 대화 등의 모습은 없는가?
- 흥미유발문, 즉 고객을 적극적으로 만드는 단 하나의 문장이 있는가?
  기술 전문가에게는 기술의 우월성을, 비용 전문가에게는 차별화된 비용 절감 효과를, 사용자에게는 편리성을 강조하는 단 하나의 문장으로 승부하게 하라.
- 고객 중심의 대화인가? 서둘러서 무엇을 팔려고 하지 말고, 질문을 통해서 고객이 대화를 주도하게 하라.

- 미팅에 문제가 있을 경우

리더가 말로만 가이드를 주기보다 동행 방문을 하는 것이 바람직하다. 동행 방문을 한 후 즉시 당사자와 팔로업 세션을 갖는다. 현장감 있는 리얼 타임 피드백이 가장 도움이 되고, 왜곡이 적기 때문이다.

참고로 필자는 현장에서 미팅을 할 때, 고객과의 대화를 메모하는 동시에 영업대표에게 피드백할 내용을 동시에 적는다. 두 내용을 구별하기 위해서 컬러 볼펜으로 고객의 상담 내용과 코칭 내용을 구분한다.

팔로업 미팅에서 피드백하고 함께 토의할 내용은 다음과 같다.

준비(Plan)

- 토의 아젠다와 해야 할 질문을 사전에 정했는가?
- 고객의 예상 질문(구매 장애요인)을 예측하고 답을 준비했는가?

실행(Do)

- 미팅의 원래 목적과 목표를 달성했는가?
- 준비된 아젠다와 질문에 대해 빠짐 없이 토의했는가?
- 고객의 공식적 이슈뿐만 아니라 비공식적 이슈까지 파악하려 했는가?
- 고객의 언어적 메시지뿐만 아니라 보디랭귀지 등 비언어적 메시지(Non-verbal Message)까지 파악하려고 했는가?

팔로업(See)

- 고객과 약속한 내용 이행(이메일과 전화로 크로스 체크)
- 고객 정보를 Capture Plan(또는 CRM)에 이전
- Lesson Learned(빠트린 토의 아젠다와 질문/고객의 구매 장애요인에 대한 추가 전략 또는 실행 계획)

조직관리

① 조직관리 리더십이란 매니저와 코치의 역할을 수행하는 것이다
② 매니저 역할 : 목표를 조정하고 역할을 배분한다
③ 코치 역할 : 실행력을 높여 목표를 달성한다

성과관리

① 잠재 고객 관리 : 핵심은 양적 + 질적 파이프라인 관리!
② 영업 조직의 성과관리 : 핵심은 기존 + 신규 매출 관리!
③ 영업대표의 성과관리 : 핵심은 활동관리!

핵심 관리(사업 수주율)

① 리더의 사업 수주 역할
② 역할 A : 입찰 참여 여부 결정
③ 역할 B : 수주 / 제안전략 개발 코칭
④ 역할 C : 제안 코칭

특별 관리(영업대표 멘탈)

① 구성원의 멘탈관리
② 스트레스별 코칭 포인트

1 잠재 고객 관리 : 핵심은 양적 + 질적 파이프라인 관리!

① 파이프라인 관리의 의미

B2B 세일즈에서 성과관리의 핵심은, 고객이 구매에 참여하고 그 구매를 지속/반복할 수 있도록 하는 것이다. 고객들은 처음에 우리의 솔루션(상품/서비스)을 인지하고 계약에 이르기까지, 여러 활동을 하며 최종적으로 구매 의사를 결정한다.

이 일련의 구매 여행(Purchase Journey)에서 중요한 것은,

- 가급적 많은 잠재 고객들이 참여하게 하고(양적 접근),
- 탈락률을 최소화하는 것(질적 접근)이다.

이를 파이프라인 관리(Pipeline Management) 또는 깔대기적 접근(Funnel Management)이라고 한다.

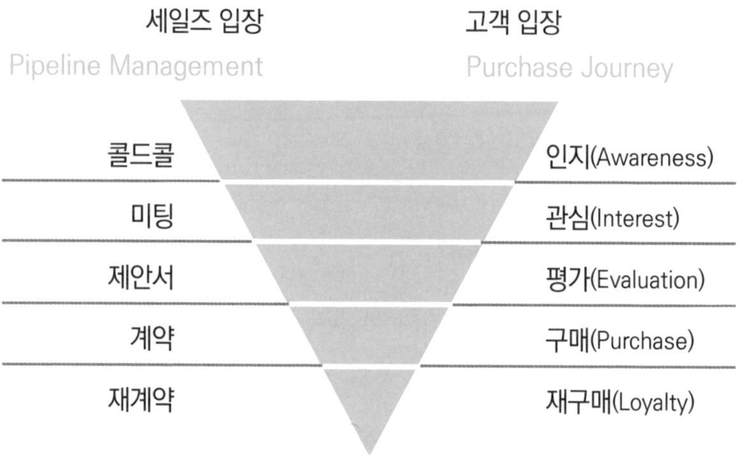

● 세일즈 퍼널(Sales Funnel)

파이프라인 관리란, 가급적 많은 잠재 고객이 참여하게 하고(양적 접근), 탈락률을 줄여주는 활동(질적 접근)을 말한다.

> **고객의 구매 여행(Purchase Journey)에서 중요한 것은, 가급적 많은 잠재 고객들이 참여하게 하고(양적 접근), 탈락률을 최소화하는 것(질적 접근)이다. 이를 파이프라인 관리(Pipeline Management) 또는 깔대기적 접근(Funnel Management)이라고 한다.**

② 파이프라인 관리의 중요성

영업 조직에서 파이프라인 관리가 중요한 이유는 다음과 같다.

- 첫째, 매출 예측(Sales Prospect)이 가능해진다.

과거 세일즈 성공률에 의거해 미래 세일즈를 예측할 수 있게 된다. 예를 들어, 과거에 제안한 고객의 30%가 구매를 했다면, 현재 우리가 1,000억 원을 제안할 경우, 예상 매출은 300억 원 전후가 될 가능성이 크다.

- 둘째, 매출 향상을 위한 구체적 전략과 활동 계획이 수립 가능하다.

예를 들어, 잠재 고객(Lead)이나 세일즈 기회의 개수 자체가 적을 때는, 이 개수를 늘리기 위한 양적 접근을 해야 할 것이다.

반대로 충분히 많은 고객과 사업 기회를 발굴했다면, 이 기회를 성공시키기 위한 질적 접근을 해야 할 것이다.

양적 접근의 지표는 횟수이고, 질적 접근의 지표는 전환율이다.

단계	잠재 구매	전환율	누적 전환율
콜드콜	1,000억 원		
미팅	500억 원	50%	50%
제안	150억 원	30%	15%
구매	45억 원	30%	4.5%
재구매	22.5억 원	50%	2.25%

● 파이프라인 관리 예시

이 회사는, 1,000억 원의 기회(Lead)에 노출되었을 때 통상 45억 원의 계약을 하고, 그 중 50%는 지속적으로 구매하는 충성고객이 된다. 이 회사가 해야 할 영업 활동은 1,000억 원의 잠재 고객의 기회를 늘리는 '양적 접근'과 고객의 구매 단계에서 탈락률을 낮추는 '질적 접근'(Lead Generation)*이다.

* 리드 제너레이션(Lead Generation)이란, 세일즈 여행(Sales Journey)을 통해 잠재 고객(Lead)을 실제 고객으로 전환시키기 위한 일련의 노력들이다.

2 영업 조직의 성과관리 : 핵심은 기존 + 신규 매출 관리!

영업 성과 향상의 두 번째 포인트는, 기존 매출과 신규 매출의 비율과 증감률을 살피는 일이다.

① 신규 고객의 매출 비중 확인

즉, 매출이 기존 고객에게 얼마나 치중되어 있는가이다. 신규 고객의 확장은 회사의 발전 가능성과 영업 조직의 성과를 측정하는 핵심 지표이다. 그럼에도 의외로 '신규 영업' 기능이 죽어 있는 영업 조직이 많다는 점에 주목한다. 신규 영업의 대상이 있지만, 이에 접근할 수 있는 훈련된 조직이나 성공적 경험이 없다.

그 대표적인 업종이 국내 사업에만 의존하고 있는 자동차부품 기업들이다. 이 회사들이 최근에 겪고 있는 어려움은 신규 고객의 확보 실패에서 나온다.

자동차산업은 해외의 많은 전기차 기업과 모델들이 나오면서 완성차 간의 경쟁 강도가 높아지고 있다. 이렇게 되자 완성차 기업들은 경쟁력 강화를 위해 1, 2차 벤더들(부품 기업들)에게 원가 절감을 요구하게 된다. 그러나 현실은 요구만큼 원가를 낮추기 어려운 경우가 많다.

이 자동차부품 기업들 중 해외에 신규 고객을 확보할 수 있는 능력을 갖추고, 세일즈 포트폴리오가 완성되어 있는 회사는 미래가 있다. 고객의 가격 압력에도 협상력이 강화되고, 협상이 결렬될 경우에도 대안들이 있기 때문이다.

신규 영업이 실패하는 이유는 다음과 같다.

● 첫째로, 효과성(Effectiveness) 이슈이다.

신규 고객을 확보하는 일은, 기존 고객에 비해 초기의 인풋이 훨씬 더 크고 실패할 확률은 높다. 조직 자원관리 측면에서 리스크가 될 수 있다. 몇 번의 실패 경험이 쌓여서 진입을 못하면, 그 시장은 '경쟁이 치열한 시장(Red Ocean)'으로 인식된다. 조직에는 패배의식과 함께 시장에 대한 왜곡이 생겨난다.

그러나 진입에 실패한 기업에게 Red Ocean인 그 시장이 1등 기업에게는 여전히 매력적인 Blue Ocean이다. 왜냐하면, 그 시장과 고객을 잘 이해하고 가치 중심의 시장 개척을 할 줄 알기 때문이다.

● 둘째로, 효율성(Efficacy) 이슈이다.

긴 시간과 많은 자원이 들어간다는 점이다. 많은 영업 조직은 매년, 매달, 매일, 바로 눈앞의 실적이 급박하기 때문에 기회 발굴부터 계약까지 장기적인 투자를 꺼린다.

● 셋째로, 전략의 부재이다.

대부분의 고객들은 기존 공급자가 있기 때문에, 매우 혁신적인 솔루션 제안이나 그 외 특별한 이유가 있지 않으면, 굳이 새로운 공급자로 교체하지 않는다. 공급자의 교체는 고객에게 리스크를 의미한다. 따라서 고객이 그 리스크를 극복해야 할 분명한 이유를 제시하지 못하면, 신규 고객 확보는 어렵다. 고객이 감당할 리스크가 고객이 얻게 될 가치보다 적다는 것이 명확해야 고객은 변화를 선택한다. B2B에서 이것을 '가치 제안'이라고 한다. (다음 페이지의 '가치 제안' 부분 참조)

위와 같은 장애요인을 극복하기 위한 방법은 다음과 같다.

- **전사적 자원 결집이 필요하다.**

만약 이것이 어렵다면 신규 시장 진출, 신규 고객 확보에 처음부터 에너지를 소진하지 않는 편이 낫다. 단지 선언적으로 하는 신규 시장, 신규 고객에 대한 공격적 경영은 자원 낭비와 전략의 희석을 가져올 뿐이다.

- **구성원의 평가 기준이 달라져야 한다.**

기존 고객과 신규 고객의 매출을 차별화해서 실적을 평가해야 한다. 또한 가능하다면 과감한 인센티브 지급도 필요하다.

- **신규 시장 개척과 신규 고객 확보를 위한 별도의 수주전략을 수립해야 한다.**

세밀하게 시장을 쪼개고(Segment), 정밀하게 대상 고객을 선정(Targeting)하며, 차별화된 솔루션(Positioning)을 제시해야 한다.

✓ 어떤 고객에게 팔 것인가?(Segment, Targeting)

✓ 어떤 솔루션을, 어떤 메시지로 팔 것인가?(Positioning)

✓ 어떻게 팔 것인가?

✓ Pricing은?

- 차별화된 가치 제안을 한다.

가치 제안이란, 조직 내부에서 먼저 가치를 정의하고 이것을 시장(고객)과 일관되게 커뮤니케이션하는 것이다.

예를 들어, "우리 솔루션은 속도 개선으로 20%의 비용 절감 효과를 준다. 경쟁사 대비 10% 비싼 가격이지만, 고객이 얻는 가치는 경쟁사보다 더 크다는 의미이다."

- 방향 전환(Pivoting)을 할 수 있는 유연한 전략과 조직을 갖춘다.

아무리 준비해도 우리의 가설과 시장 사이에는 반드시 갭이 발생한다. 그 갭이 크냐, 작냐의 차이만 있을 뿐 반드시 발생한다. 따라서 오랜 시간 가설을 세우기보다는 단순한 가설들을 빠르게 시장에서 검증하면서 고객에 대한 노하우와 데이터를 쌓아 가는 것이 현명한 일이다.

SALES STORY

신규 시장 개척 / 신규 고객 확보를 위한 수주전략

필자는 기존에 한국에 없었던 '수주 컨설팅'을 처음 도입하였다. 초기에 수립한 전략은, 수주 컨설팅이라는 새로운 시장을 형성하고 고객을 확보하는 데 매우 효과적이었다. 또한 전략적 가설들은 점검을 통해서 빠르게 수정하고 방향을 전환했다. 그 예시를 공유한다.

- 어떤 고객에게 팔 것인가?

  한국의 방산업체 및 시스템통합업체(대기업 중심)

- 어떤 솔루션을, 어떤 메시지로 팔 것인가?
  - √ 솔루션 : 전략 개발부터 제안서 인쇄와 발표 코칭까지 국내 최초 토탈 솔루션을 제공하는 수주 컨설팅
  - √ 메시지 : 글로벌 기업의 수주를 컨설팅하는 글로벌 넘버원 수주 컨설팅 업체와 함께, 경쟁사를 이기고 해외로 나가자. (본사의 주 고객이 록히드마틴, IBM, Accenture, TCS 등의 글로벌 방산 및 SI기업이었음)

- 어떻게 팔 것인가?
  - √ 연간 계약을 통한 파트너십(경쟁사에게 컨설팅하지 않는 조건으로 배타적 계약 비용을 받음)
  - √ 고객사의 수주 센터로 발전

- Pricing은?
  - √ 단위 컨설팅 건당 2억 원(연간 계약 11개를 묶어서 30% 할인 가능)

- 방향 전환

  방산업체의 경우, 우리의 예상대로 주 고객이 되었음. 그러나 SI 대기업들의 경우 자체 조직이 컨설팅 기능을 수행하고 있었으며, 우리 컨설팅 진입을 막는 경우가 많았음. SI 분야는 대기업보다 중견기업이 더 적합한 고객이었음. SI 분야는 대기업에서 중견기업으로 빠르게 방향 전환이 필요했음.

---

② 기존 고객의 매출 확대

기존 고객을 통해서 매출을 향상시키는 방법은 업셀링과 크로스셀링, 그리고 기존 고객에게 소개를 요청하는 방법이 있다.

- 업셀링(Up-selling)

고객이 구매하려는 제품보다 더 비싸거나 상위 버전의 제품을 구매하도록 유도하는 전략이다. 예를 들어, 풀옵션의 중형차를 구매하려는 고객에게 대형 승용차를 추천하는 경우이다.

- 크로스셀링(Cross-Selling)

고객이 구매하려는 제품과 관련된 제품을 추가로 제안하는 전략이다. 예를 들어, 노트북을 구매하려는 고객에게 노트북 가방이나 마우스를 추가로 추천하거나, 은행에서 새로운 계좌를 개설하는 고객에게 신용카드나 대출 상품을 추가로 제안하는 경우이다.

업셀링, 크로스셀링을 할 때 가장 중요한 것은, 세일즈의 초점을 '매출'이 아닌 '고객의 가치'에 두어야 한다는 점이다. 매출 향상은 세일즈 행위의 목적이 아니라 부산물이 되어야 한다. 왜냐하면, 매출 향상을 목적으로 기존 고객에게 구매를 요구하면 고객은 부담을 느끼고, 고객과의 건강한 관계는 약화되고, 이는 근원적인 세일즈 감소로 연결될 것이기 때문이다.

필자는 고객에게 수주 컨설팅을 세일즈할 때, 컨설팅을 파는 것이 아니라 '수주율 향상'이라는 가치를 판다. 따라서 수주율 향상을 위해 고객에게 컨설팅 이외에도 교육이나 코칭 등이 필요할지 함께 고민한다. 이렇게 고객의 입장에서 고객과 함께 고민을 하다 보면 자연스럽게 수주율 향상으로 연결되고, 결과적으로 업셀링과 크로스셀링이 된다.

> **업셀링, 크로스셀링을 할 때 가장 중요한 것은, 세일즈의 초점을 '매출'이 아닌 '고객의 가치'에 두어야 한다는 점이다. 매출 향상은 세일즈 행위의 목적이 아니라 부산물이 되어야 한다.**

- 기존 고객에게 소개 요청하기

고객은 계약이 성사되고 나면, 이제는 기존의 갑을 관계에서 벗어나서 공급업체와 한 팀이 되어서 사업의 성공을 이끌어나간다. 한편으로는, 수행 과정에서 계속 이 사업이 본인의 의도대로 성공할 것인지 노심초사한다.

이때 고객은 자신의 구매가 합리적이었음을 적극적인 '소개'로 표현한다. 훈련된 영업대표는 이 기회를 놓치지 않는다. 소개받은 조직이 성공적인 경험을 하고 좋은 평판을 얻게 된다면, 고객은 반복해서 소개를 할 것이다.

소개는 솔루션의 성격에 따라서 동일 기업의 다른 부서(연구소와 공장, 해외 사업부와 국내 사업부 등)일 수도 있고, 같은 산업의 다른 기업일수도 있다. 경쟁이 극심한 산업은 다른 기업을 소개하는 것이 불가능할 때도 있지만, 그렇지 않은 경우도 의외로 많다.

예를 들어, 기업교육(HRD)의 경우 강사나 교육 프로그램의 평판과 소개가 이루어지는 곳은 대체로 각 기업 담당자들의 커뮤니티이다.

SALES STORY

업셀링, 크로스셀링 사례

A기업은 AI 기반의 솔루션을 상용화하여 수익을 내는 탄탄한 사업모델을 가지고 있었다. 상당한 금액의 투자를 받았는데 이를 어떻게 전략적으로 사용할지 고민이었다. 단기간에 큰 매출을 낼 수 있는 신규 사업을 시작했지만, 초기 시장 진입자라 수주에 계속 실패하고 있었다.

1) 필자에게 처음 요청한 것은 전사 특강이었다. 수주업은 단지 세일즈 부서의 일이 아니라 연구/수행 부서와 협력하여 차별화된 제안을 해야 한다는 취지의 특강을 했다.

2) 이 특강에 공감한 CEO는 수주를 위한 컨설팅을 요청했다. 2회의 수주 컨설팅을 통해서 신규 사업에 참여한 구성원들은 이기는 제안서와 수주전략을 경험하게 되었다.

3) CEO는 다음에는 어떤 활동이 필요한지 상의해 왔다. 필자는 이기는 제안서와 수주전략을 개발하기 위한 훈련이 필요하다는 점을 안내했고, 교육과정을 개설해서 진행했다.

A기업

전사 특강
수주업 → 컨설팅 2회
신규 사업 제안 → 전문 교육
수주영업 전문가 과정

필자가 만나는 대부분의 고객들은 컨설팅이나 교육을 위한 예산이 준비되어 있지 않은 상태이다. 그저 간단한 '특강'을 통해서 조직의 분위기를 환기시키고 싶은 정도의 마인드로 만나게 된다.

그러나 고객의 가치인 '수주율 향상'과 구체적인 방법에 대해 안내하고 나면, 자연스럽게 고객과 하나의 목적을 위해 고민하게 된다. 그러면 필자는 '수주율 향상'이라는 공동의 목표를 위한 로드맵을 제시하고, 고객은 예산을 확보한다. 고객의 가치에 집중하면, 부산물로 큰 매출이 발생한다.

업셀링, 크로스셀링의 목표는 추가 매출이 아니다. '고객의 가치를 더 높이는 것(Add value)'이다. 고객의 가치에 집중하자!

3 영업대표의 성과관리 : 핵심은 활동관리!

영업 조직의 리더는 담당 조직의 파이프라인 관리뿐만 아니라, 구성원 개개인의 파이프라인을 점검하고 성과를 위한 코칭을 해야 한다. 이때 중요한 것은, 결과인 '매출'이 아닌 과정인 '활동'을 중심으로 코칭해야 한다는 점이다. 아무리 매출관리를 해도 활동관리를 하지 않으면 성과를 내기는 어렵다.

다음의 사례를 살펴보자.

- 특정 영업대표의 현재 예상 매출

단계	잠재 구매	전환율	누적 전환율
콜드콜	100억 원	20%	20%
미팅	20억 원	50%	10%
제안	10억 원	40%	4%
구매	4억 원	50%	2%
재구매	2억 원	-	-

A) 양적 접근 코치

콜드콜을 2배 늘리면, 예상 매출이 4억에서 8억 원으로 2배 향상

단계	잠재 구매	전환율	누적 전환율
콜드콜	200억 원	20%	20%
미팅	40억 원	50%	10%
제안	20억 원	40%	4%
구매	8억 원	50%	2%
재구매	4억 원	-	-

B) 질적 접근 코치

제안 성공률을 2배 높이면, 예상 매출이 4억에서 8억 원으로 2배 향상

단계	잠재 구매	전환율	누적 전환율
콜드콜	100억 원	20%	20%
미팅	20억 원	50%	10%
제안	10억 원	80%	8%
구매	8억 원	50%	4%
재구매	4억 원	-	-

C) 양적 접근 + 질적 접근 코치

콜드콜 양과 제안 성공률을 동시에 높였을 때, 매출이 4배 향상

단계	잠재 구매	전환율	누적 전환율
콜드콜	200억 원	20%	20%
미팅	40억 원	50%	10%
제안	20억 원	80%	8%
구매	16억 원	50%	4%
재구매	8억 원	-	-

특정 영업 활동의 성공률이 낮을 때, 그 부분을 집중적으로 코칭하여 성과를 높이는 것이 포인트이다.

A안) 양적 접근 : 콜드콜의 양을 코칭하여 잠재 고객의 수를 늘린다.

B안) 질적 접근 : 제안의 품질을 코칭하여 제안 성공률을 높인다.

C안) 동시 접근 : 구성원의 역량과 자원 투자가 가능하다면, 양적 접근과 질적 접근을 동시에 한다. 그러면 눈에 띄는 성과 개선이 가능하다.

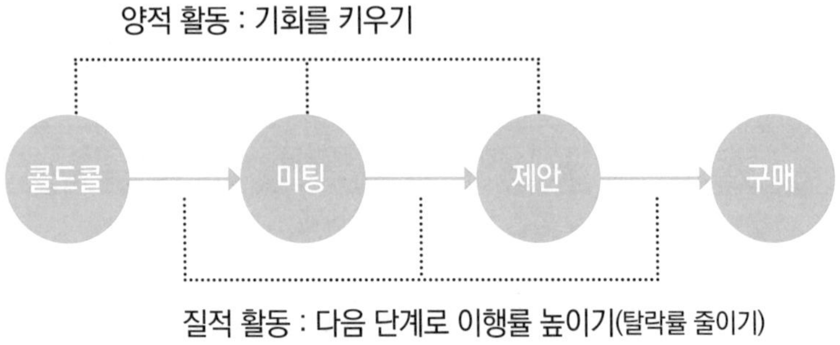

정리하면, 각 단계의 기회를 키우는 양적 활동(원)과 다음 단계로 탈락률을 줄이는 질적 활동(녹색 화살표)이 성과 코칭의 핵심이다.

참고로 주니어를 대상으로는 주로 양적 활동을 충분히 늘리는 것 중심으로 코칭하는 것이 효과적이다. 왜냐하면, 많은 양의 영업 활동을 하게 되면, 영업 품질은 자연스럽게 점점 좋아지기 때문이다.

주니어가 스스로 영업 품질을 개선하면서 시니어로 발전하는 과정에서 특정 부분의 부족함이 있을 때, 원포인트 코칭은 매우 유용하다. 예를 들어, 전체적으로 잘하는데 제안서 작성 역량이 부족하다면 그 부분만 코칭해주면 된다. 따라서 시니어로 성장할수록 코칭 횟수는 줄어들고, 효율성은 높아질 것이다.

"

중요한 것은, 결과인 '매출'이 아닌 과정인 '활동'을 중심으로 코칭해야 한다는 점이다. 아무리 매출관리를 해도 활동관리를 하지 않으면 성과를 내기는 어렵다.

"

조직관리

① 조직관리 리더십이란 매니저와 코치의 역할을 수행하는 것이다
② 매니저 역할 : 목표를 조정하고 역할을 배분한다
③ 코치 역할 : 실행력을 높여 목표를 달성한다

성과관리

① 잠재 고객 관리 : 핵심은 양적 + 질적 파이프라인 관리!
② 영업 조직의 성과관리 : 핵심은 기존 + 신규 매출 관리!
③ 영업대표의 성과관리 : 핵심은 활동관리!

핵심 관리(사업 수주율)

① 리더의 사업 수주 역할
② 역할 A : 입찰 참여 여부 결정
③ 역할 B : 수주 / 제안전략 개발 코칭
④ 역할 C : 제안 코칭

특별 관리(영업대표 멘탈)

① 구성원의 멘탈관리
② 스트레스별 코칭 포인트

1 리더의 사업 수주 역할

리더는 매니저의 역할을 넘어서 코치로서의 역할을 해야 한다고 앞에서 말했다. 여기에서 한 단계 더 높은 수준이 요구될 때가 있다.

부서의 중요 사업과 대형 사업을 수주해야 할 경우, 리더가 코칭 수준으로만 개입하는 것은 부족하다. 더 깊이 있는 개입이 필요하다. 사업의 중요성과 규모에 따라서 리더는 수주를 자신의 임무로 여기고 영업대표와 협력해야 하는 경우도 있다.

이때는 사업 수주를 위한 전문성이 필요한데, 대형 사업 수주를 위해서 리더가 갖추어야 할 주요 역량은 다음 세 가지다.

- 역할 A : 입찰 참여 여부 결정
- 역할 B : 수주 / 제안전략 개발 코칭
- 역할 C : 제안 코칭

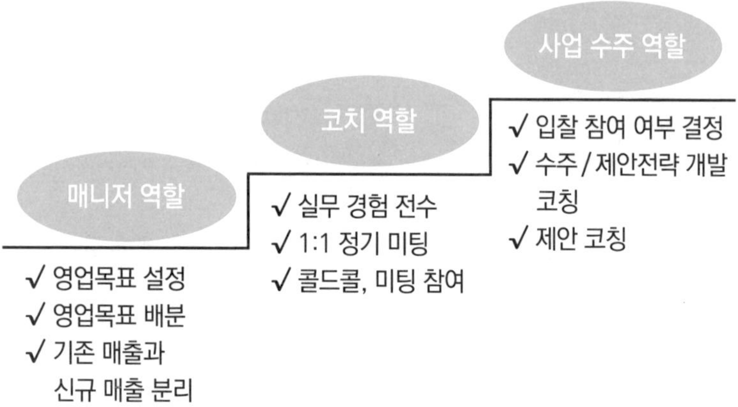

● 영업 조직관리를 위한 리더의 역할

수주 영업 조직의 리더는 매니저와 코치로서 역할을 수행하는 것과 더불어 사업 수주를 위한 역할을 할 수 있는 역량을 갖추어야 한다.

> **대형 사업 수주를 위해서 리더가 갖추어야 할 주요 역량**
>
> - **입찰 참여 여부 결정**
> - **수주/제안전략 개발 코칭**
> - **제안 코칭**

2 역할 A : 입찰 참여 여부 결정

수주영업에서 리더의 가장 중요한 임무는 수주율(Win Rate)을 높이는 것이다. 수주율을 높이는 데 있어서 핵심은 입찰 참여 여부를 결정하는 일이다. 이 부분은 앞의 Chapter 2.에서 자세히 다루었으니 참고하길 바라며, 여기서는 간단히 정리하겠다.

입찰 참여 여부를 결정하는 프로세스와 방법론이 있는 기업은, 불필요한 사업에 참여하지 않음으로써 회사의 자원 낭비와 리스크를 막는다.

- **첫째, 되지 않을 사업에 참여하지 않는다.**

보통, 규모가 클수록 사전에 준비를 많이 한 기업이 수주를 하므로 사전영업 없이 참여했을 경우, 대체로 들러리에 불과할 가능성이 크다.

- **둘째, 악성 사업에 참여하지 않는다.**

수익이 나지 않는 악성 사업에 잘 몰라서 참여하는 것은, 사업을 실주하는 것보다 더 최악의 상황을 가져온다.

따라서 입찰 참여 여부 기준을 수립하고 도구와 프로세스를 세팅해야 하는데, 그 기준은 다음과 같다.

- **수주가능성**(Win Possibility)

  수주하기 어려운 사업에 대책이나 전략 없이 참여하지 않는다.

- **수익률**(Margin Rate / Risk)

  돈이 되지 않는 사업, 위험한 사업에 참여하지 않는다. 수익률이 낮으면 리스크가 높아진다. 리스크에는 기술적 리스크와 일정 / 비용 리스크가 있는데, 일정 / 비용 리스크는 수익률이 높으면 재무적으로 해결할 수 있다.

- **규모**(Scalability)

  규모가 커진다고 영업 / 제안 작업의 인풋이 비례해서 커지는 것이 아니다. 엇비슷하거나 조금 더 들어간다. 10배 큰 사업을 제안한다고 인풋이 10배 더 들어가는 것이 아니라, 1.5배나 2배 정도 더 들어간다. 가급적이면 큰 사업을 수주하는 것이 효율적이다. 한편으로, 너무 큰 사업은 회사에 위험을 초래할 수 있다. 그러므로 위험하지 않은 범위 내에서 '충분히 규모가 큰' 사업을 수주하는 것이 효과적이다

- **전략적 정합성**(Strategic Fit)

  전사 사업 방향과 일치하는지도 중요하다. IT회사를 예로 들어 보면, 보안 솔루션을 파는 기업인데 시스템 유지보수 사업을 수주하는 경우가 종종 있다. 회사의 매출을 위해 호구지책으로 입찰에 참여하지만, 사업을 수주할수록 비핵심 사업으로 인력이 빠져나가므로 회사는 전략적 방향성을 상실하게 된다.

3 역할 B : 수주/제안전략 개발 코칭

① 사업별 목표를 담당 영업대표와 합의

목표가 사업의 수주인가, 수익인가? 사실 수주가능성과 수익은 반비례한다. 수주가능성을 높이기 위해서는 솔루션을 적극적으로 개발해야 하는데, 이는 비용을 동반하기 때문이다. 물론 이 둘은 양자택일의 성격이 아니므로 적정한 수준에서 접점을 찾아서 진행할 수 있다.

리더는 이 의사결정을 다음과 같이 숫자로 결정해야 구성원들과 소통이 명확해진다.(ex. 이번 사업은 수주가 중요하니 평균 마진의 1/2인 7%만 되어도 괜찮다. 공격적으로 비용을 써서 솔루션을 개발하자.)

② 수주전략 개발 코칭

수주전략(Capture Strategy)은 일반적인 영업전략(Sales Strategy)과 구별된다. 특정 시장 또는 고객을 대상으로 한 것이 영업전략이라면, '특정 고객의 특정 사업'에 대해 필요한 것이 수주전략이다. (ex. 부품업체에 대한 현대자동차(특정 고객)의 니즈는 가격, 품질, 납기로 대체로 동일하다. 하지만 현대자동차가 고급차를 개발(특정 기회)할 때 특정 부품에 대한 니즈는, 가격 경쟁력이 중요한 소형차를 개발할 때의 니즈와 달라진다. 고급차를 개발할 때의 니즈는 원가보다는 검증된 첨단기술이나 디자인, 고객 편의성 등, 다양할 것이다.)

③ 수주전략 검증

수주전략 검증이란, 개발된 전략으로 경쟁사를 이길 수 있는지 영업대표에게 질문하는 것을 말한다. 수주 / 제안전략 개발이란, 이번 사업에서 고객에게 제공할 솔루션과 메시지를 개발하는 일이다.

솔루션 개발이란, 고객이 원하는 솔루션을 갖추기 위한 활동을 말한다. 특정 솔루션 추가 구매, 전문가 채용, 컨소시엄 구성, 인수 및 합병(M&A) 등을 포괄한다. 솔루션을 개발하면 돈이 들어간다.

메시지 개발은, 고객에게 전달할 메시지를 개발하는 것이다. 예를 들어, 이번 사업에서 서비스 품질이 중요하다면 우리의 서비스 품질이 경쟁사보다 얼마만큼 더 좋은가? 왜 더 좋은가? 어떻게 좋은가?에 대한 메시지를 전달할 수 있어야 한다. 또, 이번 사업은 가격 경쟁력이 중요하다면 우리 솔루션이 왜 가장 저렴한가? 어떻게 저렴한 솔루션이 가능했는가?에 대한 메시지 개발이 필요하다.

영업대표를 중심으로 전략을 개발했으면, 리더는 '이 솔루션과 메시지로 경쟁사를 이길 수 있는가'를 질문해야 한다. 담당 영업대표가 질문에 대답할 수 있도록 부족한 점을 보완하도록 코칭한다.

> **수주 / 제안전략 개발이란, 이번 사업에서 고객에게 제공할 솔루션과 메시지를 개발하는 일이다. 전략 검증이란, 개발된 솔루션과 메시지로 경쟁사를 이길 수 있는지 담당 영업대표에게 질문하는 것을 말한다.**

④ 수주전략에서 제안전략으로 이전 확인

수주전략의 목적은, 이번 사업을 수주하기 위한 영업 계획을 세우는 것이다. 따라서 그 결과물은 영업의 '액션플랜(Action Plan)'이다.

제안전략의 목적은, 이번 사업을 수주하기 위해서 무엇을 어떻게 제안할 것인가?이다. 따라서 그 결과물은 '제안전략 기술서'이다.

구성원들이 두 관점의 전략을 정확히 이해하고 결과물을 도출할 수 있도록 코칭이 필요하다.

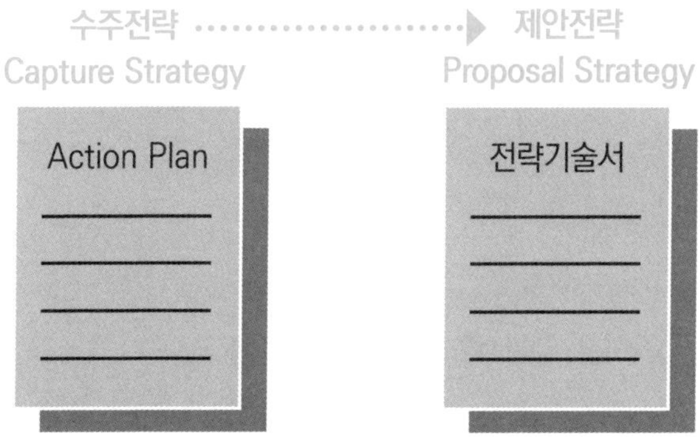

● 전략의 이전

수주전략을 점검한 다음, 리더는 수주전략이 제안전략으로 잘 이전되었는지 확인해야 한다.

영업대표가 자율적으로 제안을 하고 수주할 수 있을 때까지, 리더의 실무적인 코칭이 중요하다. 리더가 실무적인 경험이 부족할 경우, 개입을 포기하거나 원론적인 지시만 하기 쉽다. 구성원과 함께 배운다는 마음으로 학습과 발전의 기회를 만들어 부족한 역량을 반드시 끌어올려야 한다.

① 제안서 리뷰 코칭

- 기획을 먼저하고, 제안서를 나중에 쓰도록 한다.

현장에 가보면 제안서를 10년, 20년 써도 실력이 늘지 않는 경우가 많다. 그 주 원인은 제안서를 짜깁기하기 때문이다. 잘된 제안서를 가져다 놓고 내용을 넣고 빼고 하면, 제안서 작성 실력이 늘지 않는다. 왜냐하면, 자신의 제안 의도가 담기지 않은 제안서이기 때문이다.

이를 극복하기 위해서는 구성원의 '기획력'을 키워주어야 한다. 제안 과정에서 기획이 중요한 지점은, 전략 수립과 스토리 개발 단계이다. 필자는 컨설팅을 할 때 전략기술서와 스토리보드라는 도구를 사용한다. 전략기술서는 경쟁자를 이기기 위한 메시지와 솔루션을 개발하여 정리하는 도구이다. 스토리보드는 각 목차에 어떤 내용을 넣을 것인가를 결정하는 도구이며, 고객의 요구 조건(RFP 내용)과 핵심전략(전략기술서 내용)을 반영하는 것이 핵심이다.

리더는 구성원들에게 기획 단계를 반드시 거치도록 지침을 줘야 한다. 또한 작성된 제안서를 리뷰하기 전에 전략기술서와 스토리보드를 리뷰해야 한다. 전략 리뷰를 '블루팀 리뷰'라고 하며, 스토리보드 리뷰를 '핑크팀 리뷰'라고 한다. 사업의 크기에 따라서 동시에 할 수도 있다.

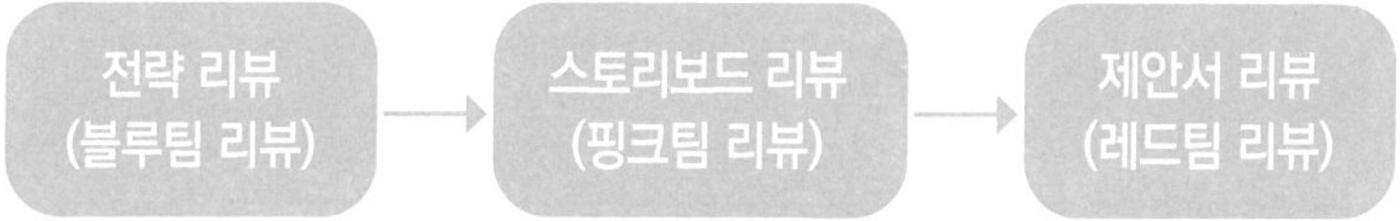

● 제안 리뷰 단계

전략, 스토리보드, 제안서 리뷰를 단계별로 하는 것이 중요하다. 이를 각각 블루팀, 핑크팀, 레드팀 리뷰라고 부른다.

– 평가자 관점에서 제안서를 피드백한다.

작성된 제안서를 리뷰할 때 가장 중요한 것은, 평가자 관점이다. 평가자가 읽기 쉽고, 평가하기 쉬워야 한다. 왜 그런가? 한국의 제안서 평가는 짧은 시간에 이루어진다. 또한 대부분의 평가자는 비전문가이거나 고작해야 부분 전문가이다. 즉 짧은 시간에 비전문가도 이해할 수 있는 '쉬운' 제안서를 만드는 것이 핵심이다.

몇 가지 리뷰 포인트는 다음과 같다.

- **헤드라인식 구조**(결론부터 이야기하기)**인가?**

  헤드라인식 구조란, 제안 요약, 섹션 요약, 주제문이 잘 보이는 제안서이다. 이는 짧은 시간에 평가해야 하는 평가위원을 돕는다.

- **주장에 대한 근거를 제시하는가?**(No Proof, No Claim)

  주장만을 보고 점수를 주지 않는다. 근거를 제시해야 한다. 근거를 제시할 수 없는 추상적인 용어는 최대한 자제하는 편이 낫다. '최적화된 솔루션', '이상적인 설계' 등은 제안서에서 금지어이다.

- **단순 정보를 줄이고, 메시지와 스토리로 전달하는가?**

  단순한 정보의 나열은 평가자에게 잘 전달되지 않는다. 정보를 통해 말하고 싶은 주장을 스토리로 만들어 평가자에게 각인시켜야 좋은 점수를 받을 수 있다.

- **글씨는 평가자가 읽기에 충분히 큰가?**(경쟁사보다 큰가?)

  작은 글씨로 작성된 세련되고 예쁜 제안서가 중년 이상의 평가자에게는 '안 보인다.' 읽히는 것은 기본이다.(의외로 그렇지 못한 제안서가 많다.)

- **이미지 사용은 적절한가?**

  현장에서는 주로 너무 많은 이미지 사용, 즉 비주얼 노이즈 문제가 심각하다. 이미지 사용을 자제하고, 강조 효과가 있는 곳에만 사용해야 한다. 또한 자잘한 그림의 개수를 줄이고, 크기를 키우는 것이 효과적이다.

> **"대부분의 평가자는 비전문가이거나 고작해야 부분 전문가이다. 즉, 짧은 시간에 비전문가도 이해할 수 있는 '쉬운' 제안서를 만드는 것이 핵심이다."**

SALES STORY

Fact tells, but Story sells.

필자는 10년 가까이 조달청의 평가위원으로 활동하면서 어떤 업체가 사업을 수주하는지 유심히 보아 왔다. 결론은 프레젠테이션을 할 때 기억에 남는 메시지를 강하게 전달하는 업체였다.

경쟁자들이 비슷한 정보 폭탄을 쏟아붓고 있을 때, 이 업체들은 일반적인 정보를 대폭 줄이고 자신의 주장을 분명히 '이야기(Story telling)'한다.

교육심리학자 제롬 브루너(Jerome Seymour Bruner)는 정보를 전달하는 연구를 했다. 똑같은 정보를 데이터로 전달하는 경우와 이야기(Story)로 전달하는 경우를 비교해보니, 이야기로 전달하는 경우가 22배 더 효과적이라는 사실을 알아냈다. 22배 더 효과적이라는 말은, 기억이 더 강렬하고 오래 지속된다는 뜻이다.

SALES STORY

평가자는 비전문가이다

평가자에 대한 가장 큰 오해는, 그들이 대단한 전문가일 것이라는 착각이다. 그럴 만한 이유가, 그들은 공부를 많이 했거나 한 분야에서 오랜 경험이 있는 사람들이기 때문에 전문가로 보일 만하다. 실제로 조달청 평가위원회의 자격은 해당 업무 경험 또는 자격증을 보유하거나 석사 이상의 학력 소지자 중에서 선발하고 있다.

그러나 실제 상황은 이렇다. 평가위원회는 대체로 세 그룹이 들어온다. 사용자(User), 행정가(Economic Buyer), 기술 전문가(Technical Buyer).

우선, 사용자들과 행정가들은 당연히 편의성이나 비용, 일정 관리 등에 관심을 갖는 비전문가들이다. 기술 전문가들은 어떤가? 예를 들어, 무인기를 평가하는 군사업이라면 통신 전문가나 전자공학, 항공우주공학을 전공한 교수, 석·박사들일 것이다. 이들은 각 분야의 전문가이지, 무인기 전문가는 아니다. 심지어 투명성을 중시하는 군사업의 특성상 '고고도 무인기' 사업에는 방사청의 관련 사업부는 평가위원으로 들어오지 않고, '중고도'나 '저고도' 무인기 사업부 관련자들이 평가에 들어온다.

그러니 평가자들은 결코 제안을 준비한 사람들만큼 전문가가 아니다. 부분 전문가 또는 비전문가가 대부분인 평가위원회를 설득하려면 어떻게 해야 할까? 깊이 있는 내용이라도 쉽게 설명할 방도를 늘 찾아야 한다.

쉬운 제안이 좋은 제안이다!

② PT 코칭

- 수주의 영향력을 정확히 이해하게 한다.

제안서보다 PT가 중요한데, 그 중에서도 슬라이드보다 발표자, 발표자보다 Q&A가 중요하다는 점을 이해하고, 이에 맞게 시간과 자원을 투자하도록 관리해야 한다.

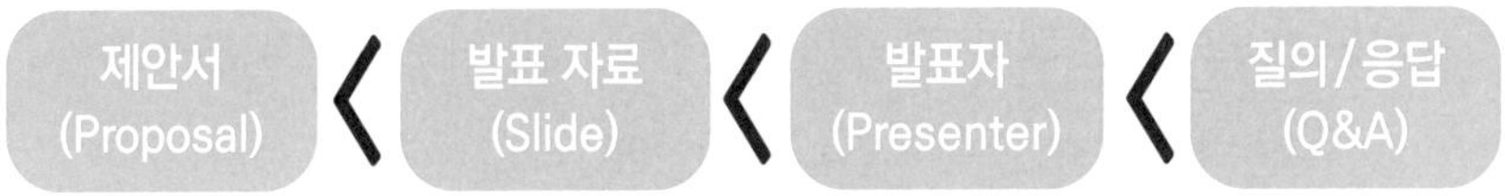

● 수주에 영향을 미치는 순서

- 가장 강조하고 싶은 메시지를 명확히 한다.

평가자 입장에서 보면, 좋은 점수를 주는 PT는 기억나는 PT이다. 실제로 평가를 해보면 변별력을 가진 PT는 정보의 폭탄이 아니라 핵심 메시지를 잘 정리하여 전달하는 PT이다.

- 슬라이드는 많은 정보를 넣거나 화려하게 만들지 않아야 한다.
- 가장 강조하고 싶은 메시지가 결정되면, 비주얼을 활용해 스토리텔링을 한다.
- 특히, 오프닝과 클로징에서 전략적으로 반복할 메시지를 결정한다.

– 슬라이드에 주도권을 뺏기면 안 된다.

대부분의 발표자들이 저지르는 가장 큰 실수는, 스스로 '슬라이드를 읽는 내레이터'로 전락하는 것이다. 결코 슬라이드가 발표의 주인공이 되어서는 안 된다. 슬라이드가 내 PT를 리드하게 하면 안 된다.

내가 주인공이 되어서 발표를 할 때, 슬라이드가 나의 발표 내용을 효과적으로 지지, 강조, 보완하도록 해야 한다. 내가 주인공이 되면 나의 전문성이 빛난다. 실제적으로 내가 주인공이 되려면, 슬라이드를 읽는 발표보다 몇 배 더 잘 준비해야 한다. 평가위원이 가장 보고 싶어 하는 것은 발표자의 전문성임을 명심하라.

– 원고를 외우라고 해서는 안 된다.

심리학자들은 "외우려고 할수록 망각이 촉진된다."고 한다. 즉, 기억하려고 할수록 기억이 안 된다는 뜻이다. 원고를 외운다는 것은 '직렬전구'처럼 사고를 구조화하는 것과 마찬가지다. 한 번 선이 끊기면 뒷부분은 모두 정전이 된다.

발표를 준비하는 영업대표에게 키노트 사용을 권하는 것이 좋다. 방송인들의 큐시트처럼 큰 글자로 슬라이드마다 이야기할 키워드를 정리해서 리허설을 하도록 하면 된다. 자연스럽게 내용이 전체적으로 외워지니 외우려는 부담감에서 오히려 자유로워진다. 부담감이 없으니 발표할 때 유연성이 높아진다.

예를 들면, 30분간 발표하기로 했는데 15분으로 갑자기 시간이 줄어도 잘 대응할 수 있다. 키노트는 사고를 병렬 처리하는 것이다. 헤드라인 구조를 메모장에 정리한 것이 키노트이다. 그러니 메모해둔 키워드, 즉 결론부터 말하고 근거나 데이터는 시간이 되는 만큼, 청중의 수준에 따라서 유연하게 제시하면 된다.

– 연습을 강조한다.

연습할수록 전문가가 된다. 왜냐하면, 리허설 과정에서 발표자는 어떤 부분에서 전문성이 부족한지를 스스로 깨닫게 되어 준비를 하기 때문이다. 연습 횟수가 늘어날수록 전문성이 증대되니 발표에 대한 자신감도 높아진다. 이는 무대 공포(Stage Freight)를 극복할 수 있는 가장 현실적인 방법이다.

PT 코칭 포인트

- **수주의 영향력을 정확히 이해하게 한다.**
- **가장 강조하고 싶은 메시지가 무엇인지 말해보게 한다.**
- **슬라이드에 주도권을 뺏기면 안 된다.**
- **원고를 외우라고 해서는 안 된다.**
- **연습을 강조한다.**

③ 제안 프로세스 관리

- 우선, 가장 중요한 의사결정은 '어떤 사업 제안을 관리할 것인가?'이다.

모든 제안을 관리할 수는 없다. 리더의 바쁜 일정상 비현실적이다. 따라서 사업의 규모와 중요성을 따져서 관리할 사업을 결정해야 한다.

필자의 경우는 새로운 고객에 대한 제안, 컨설팅의 경우 3억 원 이상, E-러닝 사업의 경우 5억 원 이상(컨설팅 / 교육업에서는 이 정도면 규모가 큰 사업이다.)에 대해서 제안 프로세스를 관리하고 코칭했다. 이 기준은 산업과 회사의 상황에 맞추어 리더가 구성원들과 상의해서 진행하면 된다.

- 제안 프로세스를 관리해야 할 사업이 결정되면, 다음의 세 가지를 해야 한다.

- 첫째, RFP에서 고객이 요구한 사항(Requirement)을 100% 충족할 수 있는지 확인한다.

이를 Compliance(충실도)라고 한다. 이를 충족하지 못하면 예선 탈락이다. 전략에서 이겨도 수주할 수 없다. 기술적 이슈(신기술 도입 능력, 세부 데이터)나 행정적 이슈(징계나 신용평가 등급 등)를 충족하지 못하는 것은 없는지 먼저 확인해야 한다.

필자의 경험에 의하면, 의외로 큰 사업도 Compliance(충실도)를 충족하지 못해서 실주하는 경우가 많다. 10년 전에 1조 원 가까운 군 통신사업이 발주처가 요구한 서류 한 장을 잘못 제출해서 우선협상자 지위를 반납하는 사건이 있었다. 이럴 경우, 그 책임은 PM에게 있다. 따라서 PM을 포함한 리더는 Compliance Checklist를 별도로 작성해서 이를 작성자가 빠짐없이 제안에 넣도록 지시하고, 챙겨야 할 서류를 확인하는 절차까지 꼼꼼히 처리해야 한다.

- **둘째, 전략적으로 제안하는 것이다.**

전략적인 제안을 위해서는 프로세스가 중요하다. 리더는 전략 수립 프로세스에 대해 구성원들과 합의한 후 관리해야 한다.

① 수주전략(Capture Strategy) 수립

② 수주전략에 기반하여 제안전략(Proposal Strategy) 수립

전략은 단 한 번에 완성될 수 없고, 단계별 마일스톤마다 지속적으로 업그레이드된다. 리더는 다음의 도구를 통해서 전략을 점검한다.

① 수주전략(Capture Strategy) : 수주(영업)계획서(Capture Plan)

② 제안전략(Proposal Strategy) : 제안기획서(Proposal Plan)

전략적 제안이라 함은 차별화된 솔루션과 메시지를 제안서와 PT 슬라이드에 잘 강조하는 것이다. 이를 위해서는, 우선 강조할 솔루션과 메시지가 '수주(영업)계획서'에 명쾌하게 정의되어야 하고, 다음으로 제안서와 PT 슬라이드에 빠뜨림 없이 이전되어야 한다.

리더는 다음의 코칭 포인트에 대해서 구성원에게 피드백하면 된다.

① 경쟁자를 이기기 위한 '전략적 메시지'가 분명한가?

② '전략적 메시지'가 제안서와 발표 자료에 효과적으로 강조되었는가?

● 셋째, 일정 관리이다.

바람직한 제안서 일정 관리는 개정(Revision)에 적은 시간을, 수정(Amending)에 많은 시간을 들인다. '개정'은 전략을 바꾸는 것이다. 전략을 바꾸면 제안서에 들어가는 솔루션과 핵심 메시지도 바뀌어야 한다. 그렇게 되면 기존에 제안서 작성에 들인 시간은 의미가 없어진다. '수정'은 확정된 전략으로 제안서의 품질을 높이는 활동을 말한다. 수정을 통해 전략은 더 강조되고 메시지 전달력은 더 높아진다.

또한 일정 관리에서 중요한 것은, 진짜 승부처에 집중하도록 코칭하는 것이다. 현장에서 보면 제안서 작업에 대부분의 자원과 시간을 허비하지만, 앞에서 이야기했듯이 발표와 Q&A가 수주 영향력이 훨씬 크다.

따라서 발표 연습과 Q&A 준비에 충분히 집중하도록 코칭해야 한다. 이때 기준은 경쟁사이다. 경쟁사보다 발표 연습과 Q&A에 시간과 에너지를 더 많이 쓰도록 하는 것이다.

조직관리

① 조직관리 리더십이란 매니저와 코치의 역할을 수행하는 것이다
② 매니저 역할 : 목표를 조정하고 역할을 배분한다
③ 코치 역할 : 실행력을 높여 목표를 달성한다

성과관리

① 잠재 고객 관리 : 핵심은 양적 + 질적 파이프라인 관리!
② 영업 조직의 성과관리 : 핵심은 기존 + 신규 매출 관리!
③ 영업대표의 성과관리 : 핵심은 활동관리!

핵심 관리(사업 수주율)

① 리더의 사업 수주 역할
② 역할 A : 입찰 참여 여부 결정
③ 역할 B : 수주 / 제안전략 개발 코칭
④ 역할 C : 제안 코칭

특별 관리(영업대표 멘탈)

① 구성원의 멘탈관리
② 스트레스별 코칭 포인트

| 특별 관리(영업대표 멘탈) |

1 구성원의 멘탈관리

앞에서 영업대표의 성과를 위한 '활동관리'를 다루었다. 활동관리 만큼이나 중요한 것이 영업대표의 '멘탈관리'이다. 멘탈관리는 개인 스스로의 역할이 크지만, 업무와 관련된 영역에서는 조직과 리더가 함께 고민할 필요가 있다.

최근의 기업은 MZ세대가 조직의 중심이 되면서 여러 변화를 겪고 있다. 그 중에 하나는 퇴사율이 과거에 비해 매우 높아졌다는 점이다. 여기에는 다양한 배경과 이유가 있겠지만, 영업 조직에서는 업무의 특성상 멘탈의 이슈가 많은 비중을 차지한다. 최근까지 영업 조직을 관리했던 필자의 경험에서 놀랐던 점은, 영업대표들의 퇴직 인터뷰를 해보면 사유의 절반 이상이 '공황장애'를 이야기한다는 것이다.

사실 영업은 어려운 일이다. 다양한 사람을 상대하는 일이고, 업무량도 많고 난이도도 높다. 고객의 요청에 따라 야간이나 주말에도 일을 해야 하는 경우도 많고, 고객뿐만 아니라 고객의 요구에 대응하는 솔루션을 세팅하기 위해 내부의 수행 조직/솔루션 조직과도 많은 갈등을 하게 된다.

과거에도 영업은 똑같이 어려운 일이었는데, 이에 대한 반응이 바뀌고 있다. 과거에는 주로 스트레스를 참고 견뎠다면, 최근에는 병원을 가고 '공황장애'를 진단받는다. 이런 상황이 되면 대부분의 영업대표들은 퇴직을 하고 치료에 전념해야 한다는 생각에 이르게 된다.

이러한 환경에서 영업 조직의 리더는 구성원의 멘탈관리에 각별히 신경 써야 한다. 이는 조직의 생산성에 직접적인 영향을 끼친다.

① 건강과 체력을 중요시하는 문화 조성

신체가 건강해야 정신이 건강할 수 있다는 점을 구성원이 이해할 수 있도록 하고, 건강을 추구하는 문화를 만들어나가야 한다. 평소에 체력 관리를 해 놓으면 정신적 스트레스를 견디는 내구력이 강해져서 어려운 일이 생길 때 잘 견딘다.

- 첫 번째 효과적인 방법은, '함께 운동하는 문화'를 만드는 것이다.

회사에서 운동 행사를 정기적으로 수시로 진행하는 것은, 건강과 화합에 도움이 된다. 이와 더불어 자발성을 중요하게 생각하는 MZ세대의 선호에 맞추어, 사내 운동 동호회를 적극 지원함으로써 활성화시키는 것도 좋은 방법이다.

- 두 번째는, 리더가 모범이 되는 것이다.

이전과 다르게 직장생활에서 점점 개인주의가 강해지는 분위기이지만, 여전히 리더가 무엇을 중요하게 생각하는가는 구성원의 행동에 큰 영향을 끼친다. 리더가 술을 좋아하면 그 조직은 술자리가 잦고, 리더가 야근을 선호하면 구성원들의 퇴근은 늦어진다. 마찬가지로, 건강하게 생활하는 문화는 리더의 가치관에서 시작한다. 리더 스스로 먼저 자신의 건강과 체력을 관리하는 모습을 보일 필요가 있다.

② 구성원의 비전 설계

자신이 하는 일에 대해 자부심과 비전을 가진 사람은, 업무 중 문제를 만날 때 비교적 긍정적으로 반응한다. 그렇지 못한 사람은, 같은 문제에 대해서도 어려움을 훨씬 더 크게 느끼는 경향이 있다. 따라서 리더는 구성원들이 영업 전문가로서 자기 직업의 전문성을 이해하고 비전을 설계할 수 있도록 코칭해야 한다.

구성원을 코칭하기 이전에, 리더 스스로가 이 직업에 대한 자부심과 비전이 있는지 스스로 질문해보는 것이 가장 중요하다.

리더가 구성원들에게 알려주어야 할 B2B 영업대표의 비전은 이 책의 Chapter 1.에서 다루었으니 자세한 내용은 참고하길 바란다.

- B2B 영업이란, 우리의 솔루션으로 고객의 성공을 돕는 보람 있는 일이다.
- 영업대표는 기업 성공의 근원이다.
- 영업대표들이 최고의 연봉을 받는다.
- 영업대표는 AI로 대체되지 않는다.

③ 밀착 코칭(1:1 상담)

구성원들에게 어려운 일이 생겼을 때, 문제 해결의 타이밍을 놓치지 않도록 좀더 촘촘한 관심을 가져야 한다. 문제가 커지기 전에 파악할수록 해결의 가능성은 커진다. 조기에 알면 사사로운 이슈인 것이, 시간이 흐르면서 돌이킬 수 없는 큰 이슈가 되는 경우가 허다하다.

그렇기 때문에 리더는 구성원과의 정기적인 미팅 시, 영업목표 등 공식적인 이슈와 함께 개인의 경력관리나 생활상의 어려움 같은 비공식적인 이슈까지도 진정한 관심을 가지고 세밀하게 관찰할 필요가 있다.

적어도 리더는 구성원들과 월 1회, 1:1 미팅을 가질 것을 권한다. 만약에 조직의 규모가 10명이 넘어가면 1:1 미팅이 쉽지 않고, 한다고 하더라도 형식적인 미팅이 될 가능성이 있다. 이런 경우, 팀 내에 여러 파트를 두어 파트장 중심으로 인력을 관리하다가 이슈가 있을 때 개입하는 것이 좋은 방법이다.

2 스트레스별 코칭 포인트

리더는 구성원들이 정신적으로 힘들어하는 상황들을 충분히 이해하는 것이 중요하다. 그리고 이를 경감시키는 데 도움이 되는 메시지를 조직 내에 공유하고, 필요한 경우 개인적인 조언들을 해주어야 한다.

그럼 구성원들이 현실 속에서 가장 스트레스를 받고 멘탈이 흔들리는 이슈는 무엇이 있을까? 크게 직무 스트레스, 목표 스트레스, 고객 스트레스, 3가지로 볼 수 있다. 이러한 상황들에서 어떤 관점으로 구성원들을 코칭하면 좋을지 정리했으니 도움이 되길 바란다. (앞에서 이미 다룬 내용 중에서도 멘탈 관련 내용들을 다시 모아서 정리했다.)

1) 직무 스트레스

세일즈가 어렵고 세일즈가 안 된다.

2) 목표 스트레스

부여된 목표를 달성하는 것이 너무 힘들다.

3) 고객 스트레스

① 고객에게 연락하기가 두렵다.
② 고객에게 연락이 오는 것이 두렵다.
③ 고객에게 거절당하는 것이 두렵다.
④ 내성적 성격이라 고객과의 관계가 어렵다.

① 직무 스트레스

> **세일즈가 어렵고 세일즈가 안 된다.**
>
> **→ 세일즈를 하지 말고, 고객의 비즈니스를 함께 고민한다.**
> **(판매 중심의 사고에서 고객 중심 사고로 관점 전환)**

- 구성원의 상황

세일즈를 하려고 할수록 세일즈는 안 된다. 세일즈의 가장 큰 적은 '세일즈 강박증'이다. 왜 그런가? 세일즈 강박은 고객 중심의 사고가 아니라, 판매자 중심의 사고로부터 나오기 때문이다. 초점을 잘못 맞추었기 때문에, 과정도 결과도 좋기 어렵다.

- 리더의 코칭포인트

고객 중심의 관점 전환이 필요하다. 고객에게 무엇을 팔려고 하지 말고, 고객의 문제를 함께 고민해야 한다. 고객의 문제를 해결하기 위해 돕는 과정에서, 우리의 솔루션을 안내하고 고객이 구매하는 일이 일어나게 된다.

B2B 구매의 대부분은 '계획 구매'이다. 팔고 싶다고 팔리는 것이 아니다. B2B 세일즈의 본질은 고객의 '구매 행위'를 전문적으로 도와주

어서 고객이 성공하도록 돕는 것이다.

그래서 필자는 계속 B2B 세일즈는 전문가영업이 가장 효과적이라고 주장하는 것이다. 또한 전문가영업을 SBS(Solution Based Selling) 또는 Consultative Selling이라고 부르는 것이다.

② 목표 스트레스

"

부여된 목표를 달성하는 것이 너무 힘들다.

→ 내가 매출 목표를 통제할 수 없다. 내가 통제할 수 있는 유일한 것은 내 행동 목표이다. (콜드콜 목표, 미팅 목표, 제안 목표) 매일의 행동 목표만 달성하면 매출은 따라온다.

"

- 구성원의 상황

세일즈 현장에서 가장 흔한 스트레스는 목표 달성에 대한 압박이다. 매년 목표 달성을 못해서 패배감에 빠지는 경우도 허다하고, 이보다 더 큰 스트레스는 해마다 목표가 높아져 간다는 점이다. 매년 달성하지도 못하는데, 또 해마다 높아지는 목표는 영업대표의 멘탈을 흔들어 놓는다.

– 리더의 코칭포인트

첫째, 매출 목표가 아니라 행동 목표에 초점을 맞추자.

팔리는 결과가 아닌, 파는 과정에 집중하자. 하루하루의 행동 목표에 집중하면, 매출 목표는 시간이 흐르면서 자연스럽게 달성된다.

예를 들어보자.

매출 목표

- 1년에 24억 원 매출 목표가 부여되었다.
- 그러면 한 달에 2억 원 매출을 달성하면 된다.

목표 달성 과정

① 한 달에 2억 원 매출을 위해서는, 2억 원 규모 제안서를 4개 쓰면 된다. (내 수주율은 25%이기 때문이다.)

② 제안서를 4개 제출하기 위해서는, 3배 정도 미팅을 하면 된다. (3번 미팅 시, 1번 정도 제안 기회가 오기 때문이다.) 즉, 이번 달은 12번의 미팅을 하면 된다. 기존 고객 미팅이 6번 정도 잡혀 있으니, 신규 미팅을 6번 잡으면 된다.

③ 신규 미팅을 6번 하기 위해서는, 3배 정도 콜드콜에 성공하면 된다. (3번 콜드콜 성공 시, 1번 정도 미팅으로 이어지기 때문이다.) 즉, 18번의 콜드콜에 성공하면 된다.

④ 18번의 콜드콜을 성공하기 위해서는, 4배의 콜드콜을 시도하면 된다. (내 콜드콜 성공률은 25%이기 때문이다.) 즉, 한 달에 72통의 콜드콜을 시도, 한 달 20일 기준으로 하루에 4통화 이상 시도하면 된다.

행동 목표

자! 이제 연간 매출, 월 매출 목표를 다 잊고, '기존 고객 관리'와 '매일 4통 이상의 콜드콜'에만 집중하자. 그러면 목표는 달성된다.

둘째, '천 리 길도 한 걸음부터'다.

우리가 신입사원으로 직장생활 할 때 천만 원 모으기가 얼마나 어려웠나? 그러나 세월이 흐르면 집도, 차도 생긴다. 목표만 높아져 가는 것이 아니라 우리의 능력도 커져 가고, 우리의 고객도 커져 가고, 업무도 익숙해진다는 점을 이해하자.

업셀링, 크로스셀링에서 사례로 이야기했듯이, 작게 시작한 프로젝트들이 성공하면 점점 더 큰 기회가 된다. 설계를 잘 해주면 시공의 기회가 생기고, 강의를 잘하면 컨설팅의 기회가 주어지고, 소형차의 부품을 충실히 납품하다 보면 고급차에게도 납품할 기회가 생긴다.

또 한 가지 중요한 점은, 고객도 성장한다는 점이다. 고객 기업이 성장하기도 하고 담당자가 성장하기도 한다. 오랜 시간 영업을 하다 보면 중소기업이 대기업으로 성장하는 경우, 그 조직의 담당자 개인이 실무자에서 임원이나 회사대표로 성장하는 경우도 보게 된다.

하루하루 성실하게 살면 위대해진다. 이것이 영업을 하면서 우리가 깨닫는 삶의 이치다.

③ 고객 스트레스

> **고객에게 연락하기가 두렵다.**
>
> **→ 세일즈는 고객을 방해하는 일이 아니라, 고객을 도와주는 일이다. 당당하고 즐겁게!**

- 구성원의 상황

고객들은 세일즈맨의 연락을 반가워하지 않을 것 같다. 그래서 고객에게 연락하기가 머뭇거려지고 위축된다.

- 리더의 코칭포인트

영업대표가 하는 일은, 고객의 비즈니스가 성공하도록 도와주는 일이다. 매출이란 고객을 성공시키는 것에 대한 합당한 수수료다. 인식의 전환이 필요하다. 단지 정신 승리를 위한 관점의 왜곡이 아니라, 사실이 그렇다.

앞의 'Chapter 3.'의 콜드콜 파트에서도, 두려움을 극복하는 방법을 다루었다. 우리 솔루션이 고객에게 가치를 준다는 확신을 가지는 것이다. 확신을 위해서는, B/D(Business Develop)를 통해 솔루션의 가치를 키우는 능력을 가져야 한다고 이야기했다.

누군가를 돕고 있다는 자각은, 엄청나게 자존감을 높이는 일이다. 고객과의 소통에 당당해지고 일이 즐거워진다. 이 과정에서 고객이 성공하니 더불어 돈도 잘 벌게 된다.

필자는 필자가 제공하는 컨설팅과 교육을 통해서, 고객이 어떤 도움을 얼마나 많이 받는지 잘 알고 있다. 그래서 큰 보람을 느낀다. 심지어는 고객이 몰라주어도, 이 일을 하는 데 있어 심리적 어려움이 없다. 또한 정당하게 적절한 금액을 청구한다. 관점만 바꾸면, 영업이야말로 정말로 즐겁게 돈 버는 일이 될 수 있다.

> **"**
>
> **고객에게 연락이 오는 것이 두렵다.**
>
> **→ 연락 오는 것이 두려우면, 먼저 연락하면 된다.**
>
> **"**

- 구성원의 상황

고객에게 연락하는 것을 힘들어하는 심리는 흔하게 접한다. 그런데 최근 MZ세대들은 고객으로부터 연락이 오는 것도 부담스러워하는 경우를 자주 본다. 심지어 텍스트에 익숙한 MZ세대들은, 통화 자체도 피하고 싶어하는 경우가 많다. '전화 포비아'가 흔한 세대이다. 이런 상황에서 고객과의 소통은 어떻게 하는 것이 좋을까?

- 리더의 코칭포인트

연락이 오는 것이 두려운 이유는, '준비되지 않은 상태'에서 '침범 받는다'고 느끼기 때문이다. 이것을 극복하기 위해서는 '준비되지 않은 상태'와 '침범 받는 것'을 피하면 된다. 즉, 내가 준비하여, 침범 받기 전에 먼저 연락을 하면 된다. 전화가 부담스러운 사람은 메일이나 문자를 이용하며 된다.

내가 먼저 연락을 하게 되면, 고객으로부터 오는 연락은 이에 대한 답신이다. 따라서 두려운 마음이 아니라 반가운 마음이 든다. 필자의 경험으로는, 시간관리 측면에서도 탁월하게 효과적이다. 고객에게 오는 수많은 전화를 내가 미리 예방하는 것이다. 따라서, 내가 소통을 먼저 하는 것은 물리적으로, 심리적으로 내가 일을 주도하게 되므로 일이 더 재미있어진다.

> **"**
>
> **고객에게 거절당하는 것이 두렵다.**
>
> **→ 심리적으로, 긍정적인 관점이 필요하다. 실제적으로, 충분한 고객 확보가 필요하다.**
>
> **"**

- 구성원의 상황

일상생활에서도 타인의 거절로 상처를 받는 경우가 많다. 영업 현장에서 고객의 거절이 상처가 되면, 더 이상 영업은 힘들어진다. 영업 현장에서 거절은 일상적이기 때문이다.

– 리더의 코칭포인트

첫째, 고객의 거절에 심리적 타격을 받지 않기 위해서, 긍정적인 관점이 필요하다.

- 거절은 당연한 것이다. 세일즈에 성공하는 것이 특별한 일이다.
- 고객은 나(나의 인격)를 거절하는 것이 아니다. 단순히 나의 제안을 거절하는 것이다. 고객은 거절할 권리가 있다.
- 거절에는 기회가 있다. 거절의 이유를 경청하고, 문제를 해결하면 세일즈로 연결된다.

둘째, 고객의 거절에 실제적 타격(매출 감소)을 받지 않기 위해서, 충분한 고객 확보가 필요하다. 고객이 충분하면, 거절 당해도 괜찮다. 그리고 고객이 충분하면, 마음에 안 드는 고객을 내가 거절할 수도 있다. 고객으로부터의 거절과 고객을 거절하는 것이 자유로울 수 있다.

> **“**
>
> **내성적 성격이라 고객과의 관계가 어렵다.**
>
> **→ '내성적'이 문제가 아니라 '내성적이 약점'이라는 생각이 문제다.**
>
> **”**

- 구성원의 상황

내성적인 성격을 가진 구성원들이 영업 직무에 대한 고민을 하는 것을 종종 본다. 내성적인 성격은 영업을 하기에 부적절하다는 생각 때문이다. 모든 일이 어렵듯이 세일즈도 어려운 것이 당연하다. 이들의 문제는 내성적인 성격이 아니라, 내성적인 성격이 문제라고 생각하는 본인의 편견이다.

- 리더의 코칭포인트

최근에 많은 연구들은 오히려 내성적인 영업대표가 세일즈 직무에 적합하다는 데이터들을 제시하고 있다. 내향적인 사람들이 세일즈에서 좋은 성과를 내는 데 유리한 이유는 많다.

- 관계 구축 : 고객들은 말 잘하는 세일즈맨에게 경계심을 갖고 있기 때문에, 역으로 내성적인 사람이 깊고 의미 있는 관계를 구축하는 데 유리한 측면이 있다.
- 경청 능력 : 이들은 주의 깊은 경청자로서, 고객의 보디랭귀지나 목소리 톤의 미묘한 변화까지 읽을 수 있는 세심함을 갖추고 있다.
- 충실한 준비 : 내향적인 사람들은 대체로 기술 역량이 높고(Tech-savvy), 준비에 시간을 많이 들이기 때문에 세일즈 성공률을 높인다.
- 장기적인 성공 : 내향적인 성향의 사람은 생각을 많이 하기 때문에, 고객의 어렵고 복잡한 문제에 접근할 때 인내심을 갖고 적절한 방법을 찾아내서 성과로 연결하는 경우가 많다.

(*《10 Reasons Introverts Excel at Sales; Why Introverts Have Hidden Strengths in Sales》, John Grubbs 요약)

SALES STORY

내성적인 성격은 세일즈에 장점이 된다

필자 역시 내성적인 성격 때문에 고민하던 주니어 시절이 있었다.

한번은 자동차영업을 하기 위해서 상가를 집집마다 방문하기로 결심했다. 첫 집(부동산 가게였음)에 들어서려고 문고리를 잡았는데, 면박당할까 싶은 두려움이 온마음을 사로잡았다. 그 공포로 문을 열 수도 없었고, 이번에 못 열면 영원히 못 열 것이라는 두려움 때문에 문고리를 놓을 수도 없었다. 지옥 같은 시간이 흘렀다. 10초인지, 5분인지, 10분인지 가늠조차 되지 않았다. 그리고, 끝내 그 문을 열지 못했다.

그후 패배감으로 극심한 스트레스를 받았다. 그런데 너무나 스트레스를 받다 보니 차라리 문전박대를 당하는 것이 속 편하겠다는 생각이 들었다. 그 이후로 나는 다양한 영업들을 하면서 그 긴장감을 오히려 즐길 수 있게 되었다. 30여 년이 지난 지금 생각해보면, 나를 만든 것은 빛나는 성공의 경험들이 아니다. 루저로서의 실직, 연이은 세일즈의 실패, 이런 것들이 누적되어 지금의 나를 만들었다는 생각이 든다.

고객 입장에서 가장 두려운 것은, 청산유수로 말 잘하는 외향적인 세일즈맨에게 '세일즈 당하는 것'이다. 내향적인 우리는 고객과 신뢰를 쌓기에 오히려 유리하다는 점을 이해하자.

내성적인가? 그렇다면 장점을 하나 더 가지고 있는 것이다.

스트레스별 코칭 포인트 요약

지금까지 정리한 상황별 코칭 포인트를 보면 공통된 점이 있다. 바로 관점의 전환이 필요하다는 것이다.

1) 직무 스트레스

세일즈가 어렵고 세일즈가 안 된다.

판매 중심 나의 솔루션을 세일즈	→	고객 중심 고객의 문제를 해결

2) 목표 스트레스

세일즈가 어렵고 세일즈가 안 된다.

결과 중심 매출 목표 달성(통제 불가능)	→	과정 중심 행동 목표 달성(통제 가능)

3) 고객 스트레스

① 고객에게 연락하기가 두렵다.

고객을 방해하는 일이다	→	고객을 도와주는 일이다

② 고객에게 연락이 오는 것이 두렵다.

고객의 연락을 받는다	→	고객에게 먼저 연락을 한다

③ 고객에게 거절당하는 것이 두렵다.

거절은 부정적인 것이다	→	거절은 당연한 것이다

④ 내성적 성격이라 고객과의 관계가 어렵다.

내성적인 성격은 문제다	→	내성적인 성격은 장점이다